U0937614

徐徐道来

◎徐少春 著

图书在版编目（CIP）数据

徐徐道来 / 徐少春著. -- 北京：企业管理出版社，2022.6
ISBN 978-7-5164-2599-2

Ⅰ. ①徐… Ⅱ. ①徐… Ⅲ. ①企业管理 – 哲学思想 – 中国 Ⅳ. ①F279.23

中国版本图书馆CIP数据核字（2022）第060777号

书　　名：徐徐道来
书　　号：ISBN 978-7-5164-2599-2
作　　者：徐少春
责任编辑：尤　颖　徐金凤
出版发行：企业管理出版社
经　　销：新华书店
地　　址：北京市海淀区紫竹院南路17号　邮　　编：100048
网　　址：http://www.emph.cn　电子信箱：emph001@163.com
电　　话：编辑部（010）68701638　发行部（010）68701816
印　　刷：北京博海升彩色印刷有限公司
版　　次：2022年6月第1版
印　　次：2022年6月第1次印刷
开　　本：787mm×1092mm　1/32
印　　张：11.375印张
字　　数：200千字
定　　价：88.00元

序言

数字化转型的大潮，延绵千里、席卷而来，无论企业或个人，无论是急流勇进、弄潮逐浪，还是随波逐流、茫茫荡荡，你我都无法置身事外。三十年深耕不辍，我与团队依旧奋战在数字化转型的第一线，有许多所见所闻、所思所想，希望分享给您。

无论您的企业处于何种阶段，数字化转型始终是“宜未雨而绸缪，毋临渴而掘井”，也永远是一种“现在进行时”，一种动态迭代的过程，因为计划总赶不上变化，变化也是唯一的常态。

《徐徐道来》这本书包含了：我与管理大师论道中国管

理模式与企业数字化未来的管理；数字战斗力在一个数据科技制胜的时代，对于一个企业发展的长远价值；企业业务能力（Enterprise Business Capacity，EBC）如何帮助企业构建韧性发展的未来；针对各行各业、各种领域数字化转型的相关问答实录；数字化转型行业先行者们的创见故事。

在纷纷扰扰的信息洪流中，希望《徐徐道来》可以为您带来一丝清凉和一点启发，也许并不能解决您所有对于数字化转型的困惑，但期待与您共享我们的洞察和思考。

未来十年，中华民族走向复兴是历史的必然，中国走向世界舞台的中央也是大势所趋。我与金蝶集团也将持续深耕企业服务市场，秉承“全心全意为企业服务，让阳光照进每一个企业”的使命，为中国及海外企业在数字化时代实现高质量发展全力以赴。同时，也希望为全球企业管理，提供中国智慧和中国方案，矢志“让中国管理模式在全球崛起”。

企业成长的过程就是内心寻找光明的过程，有幸在创业路上与您同心同行。未来，《徐徐道来》也将持续更新，希望可以为您在转型之路上，提供源源不断的参考借鉴。

徐少春

2022年1月1日

目录

第 1 章　徐徐道来

第 2 章　数智问答

第 3 章 创见者说

第 1 章

徐徐道来

01

在这个不确定的时代，

我们都在寻找答案。

但计划总跟不上变化，如何走出迷局？

致虚极，守静笃，明心净心，

无平不陂，无往不复，坚贞无咎。

这是最难的时代，也是最好的时代。

本章通过一些演讲实录与您分享我的一些思考与感悟，

希望在时代的迷雾中点亮您心中的一盏灯。

第一篇想与您分享的是我与管理大师彼得·圣吉的在线对话。和这位写了《第五项修炼》的管理学家直接交流的过程中，我了解到师从南怀瑾先生的彼得·圣吉，其实非常认同中国的传统文化与思想。在共同探讨西方管理与中国管理之后，我对结合了中国传统圣贤文化与思想的中国管理模式更有信心。要知道，我一直怀着“让中国管理模式在全球崛起”的理想，而这次的对话，更加坚定了我的信念。

这是我作为“中国管理模式50人”代表，在2021年10月21日举办的中国管理·全球论坛现场参与的对话，圆桌嘉宾还包括北京大学国家发展研究院BiMBA院长陈春花教授、上海交通大学安泰经济与管理学院原院长王方华教授。

特别分享给您。

NO.1 对话管理大师彼得·圣吉

王方华（主持）

您好，彼得·圣吉教授。今天我请了两位对话嘉宾：一位是北京大学的陈春花教授，一位是金蝶集团徐少春主席。他们两位有些问题想跟您探讨。

陈春花

其实在过去的研究当中，彼得·圣吉教授提出的学习型组织理论影响了后续非常多的研究和企业。所以，我特别开心能够有机会直接与您对话。

组织理论发展经历了几个阶段。第一个阶段我们并没有关心人，我们只是关心了机械的效率。那个时间其实人并不是主要的话题，所以当学习型组织理论提出时，我特别认同，该理论阐述了人在其中很重要的作用和人本身跟变化之间的关系。刚才彼得·圣吉教授谈到数字化加速推进了世界的发展，但是这个本源到底是什么可能是一个关键问题，所以我就想请教彼得·圣吉教授有关“本源”的话题，您是怎么思考的？

彼得·圣吉

毫无疑问，“本源”在不同的文化中意义不同。因为文化不同，历史也不同，发展路径也不尽相同。我觉得“本源”涉及两个方面。首先是一个非常深层次甚至非常私人的问题，作为一个中国人，这意味着什么？而对于我而言，作为美国人又意味着什么？在美国长大意味着什么？但我相信，如果我们认真求索。追溯到我们最深层次的信念，我们能发现共同点，这一点非常重要。

另外，世界上任何一种伟大的传统文化智慧，只要你身处其中，都能发现很多相似之处。对我们而言，什么是最重要的呢？作为美国人，我觉得在我们这么长的历史进程中，当然，跟中国比起来不算长，我们建国还只有几个世纪而已。我们的历史进程是由快速的物质文明积累推进的，也就是由经济变革推动的，当然现在还有技术变革的推动作用。

但在此之前，还是有一些对我们而言根深蒂固又意义重大的价值观。

徐少春

彼得·圣吉教授，您好！20世纪90年代，我就读了您的《第五项修炼》这本书。我的问题是，我们知道美国有美国的管理模式，日本有日本的管理模式，欧洲有欧洲的管理模

式，您认为在中国是否已经形成了一套具有中国特色的管理模式呢？

第二个问题是今天听了您的分享以后，越往后听越感受到您讲的跟我们中国人传统的圣贤文化非常接近。您的五项修炼里面提到的自我超越、心智模式、共同愿景、团队学习和系统思考，我觉得这五点其实有很多我们中国的智慧在里面。是不是可以说，您提出的这五项修炼也是中国的管理模式？或者说当中包含了中国的管理模式呢？

彼得·圣吉

让我最开始感到有意思的一件事是，写《第五项修炼》时，我其实还没在中国有过很多经历，是写完之后我才在中国待了比较久的时间，并对中国传统思想有了更深的了解，所以首先让我觉得很有意思的是，我的书在中国竟然很受欢迎，而且一下子就声名大噪。我就想，怎么会这样呢？毕竟当时我对传统中国文化智慧了解也不多。

现在来看的话，我觉得比较突出的点是对自身掌握知识和技能的重视，对更深层面个人成长和发展的强调，对意识和认识的重视。围绕心智模式和对话的全部修炼，本质上都是加深对我们想法的思考，对自身认知的更深层次的认识。

当然，我也想强调相互关联、相互依赖的重要性，我的研究当然是在系统领域。《第五项修炼》的基石就是系统思考，所以我逐渐认识到，关于更深层次的个人发展、认知性质和认知培养的这些想法，还有对相互依赖关系的理解。这些其实都与中国的传统文化和理念有很深层次的联系。

陈春花

就像彼得·圣吉教授演讲中提到的那样，其实数字化来了之后，我们加速了社会的进程，但是也带来了非常多深层次的问题，这些问题当中一方面发展模式有什么变化？另一方面组织以什么方式去做变革能够承接这些变化？怎么去理解美好的生活，人在生活中的价值，人跟外部世界的关系，甚至包括沟通当中怎么样呈现真正的情绪和情感，而不仅仅是符号，我想这些都是非常基本的问题。

我们无论在研究还是实践当中都必须去解决这些问题，所以也像我们所讨论的那样，我们怎么去寻求一种真正更大范围的价值共生或者回到中国的智慧，我们更强调整体性和系统性，这些都是我们今天讨论的话题。

从彼得·圣吉教授视角来看，我们关注的这些深层次的变化，是从组织成长和人的成长当中都要关注的话题，所以我也想听听教授在这方面的一些想法。

彼得·圣吉

对于我们所有人而言，过去的两年都像是一场大型实验。我们加速转向这种数字化时代的不同生活方式。我观察到了一个很有意思的事情，在某项工作开展之前，我们可能会密集开展长达三四天的工作坊或研讨会，之前在商业领域都是这么做的，现在教育领域也越来越多地采用这种做法。在工作坊中，参加人员会接受大量的实践练习，使用相关工具，模拟实际的应用场景，以更加得心应手。原本，我以为线上是无法开展这样的工作坊的，但让我惊讶的是，线上是能做到的，每个人都可以通过参加这样的活动，在Zoom上召开的会议也可以设置分论坛、分会场。大家对着自己的电脑说话，但却能展开深度交流和对话。从某些角度来说，我觉得这是一件很神奇的事，因为你闻不到对方，也触碰不到对方，只能看画面，听声音。但是我惊喜地看到线上活动的质量很好，社交空间也很有创意。

对此我的思考就是线上也能让我们聆听对方，不仅仅听到所说的话，让我们感受彼此，不仅仅是懂得彼此表达的观点，而是始终去理解彼此。其实远程交流的这种能力也是很强的，而且可以超越空间限制，我们可以与彼此分享共同的经历，尽管对方只是以电脑屏幕上的头像的形式存在。这样的经历真的很神奇。

我唯一要补充的一点是，做好线上交流是可能的，但并不容易，之所以我们现在能进行这种深度交流，虽然是通过互联网。

原因之一，就是我们有很多得心应手的工具，所以我们利用所有基本的工具，在过去的经验的基础上不断改善，《第五项修炼》中的工具也包括在内。

原因之二，我们要有真正的意图。我们得有真心建立连接的想法。在企业里面，工作、任务和目标几乎占据了我们全部的注意力，而同彼此建立人与人之间的交流和连接，这往往不是一个明确的目标。这就回到我刚才所说的内容了，就是首先你得有交流的意图和想法。

原因之三，做这些事要有一个真正的目标，要有使命感，目前我们主要是与想要变革教育的人交流、合作。他们致力于通过建立教育体系，让孩子们能健康地成长和发展，学会真正认识到，要让世界变得更好，什么才是有效的方式和措施。所以这些人是有强烈的使命感的。

刚才提到的三点，方式和工具、意图和使命感，都非常重要，正是如此，线上交流效果才这么神奇。

徐少春

彼得·圣吉教授，一方面互联网让我们变得更近了，就像今天这样通过互联网对话让我们变得更近了。另一方面互联网也让我们变得更远了，比如说在中国多少亿的人在微信

上面，我们很多人都戴着“面具”，很多人都天天读上面的心灵鸡汤，其实我们不是在真正地用心交流。我觉得您讲的心智模式，开启一种全新的心智模式我是非常赞成的。在我们公司，我常常讲四部曲“心—道—德—事”，就是说我们如果在“事”上用功收效甚微，如果我们在“德”上用功就可以收效颇丰，如果我们在“道”上用功我们就必然成功，但是求一个“德”时间很长，求一个“道”可能要终其一生。那捷径就是回到我们内心深处明心和净心。

您谈到心智模式，心智模式是我们内心深处那个顽固的认知，是过去很多人教我们，是过去听到了很多的信息形成了我们心中的一个认知。所以明心和净心就是把这个顽固的认知去掉，让它回到我们的初心。我们常常讲“放下小我，成就大我”，这样的话，每个个体既能够表达真实的自己，同时又能够跟这个组织融为一体，变成真正的大我。因为彼得·圣吉教授跟南怀瑾先生学习，我刚才也谈了一些中国的文化，所以想听听教授的指导意见。

彼得·圣吉

心智模式产生变化的过程，一直是我们工作的中心，但我觉得这是一件很微妙的事。改变心智模式不是那么简单粗暴的事情，不是像打开开关那么简单。其实你可以把心智模式看成一种印记，或者一系列获得的假设、视角和行动，它们在你的人格中留下了烙印，成了一个印记。你不用刻意去改变心智模式，但是如果你保持一个开放的心态的话，它会自然而然地发生变化。

所以改变心智模式真正的关键是，创造一种“消减”的流程，最好是用英文中的“let go”来表达，也就是“放下、放手”。放下既有假设，放下既有视角，承认自己可能错了，这就是一种放手、一种放下。这是一个流动的过程，在这个过程中，新的心智模式能建立起来，新的思维模式能发展出来。

从某个角度而言，小孩子是最容易做到这点的，因为他们的心智状态是高度流动的。随着他们长大，可能到青春期的时候，他们就开始形成强烈的观点，他们也紧紧固守住这些观点。而这种紧握的状态是不对的，因为只有当我们放松时，我们才会更具有流动性。

老子在《道德经》中说，流水不腐，也就是说僵硬的东西是没有生命力的，我们很多人其实也没有了生命力，内心已经死了，而有生命力的东西是柔软的。

王方华（主持）

我们刚才在很有限的时间里面探讨了数字化时代的组织变革，这样一个大的话题。我们看到在数字化时代的很多特征使得我们组织在面对不确定性环境下需要有一些变化。由于疫情使得数字化进展加快，使得我们每个人的接触和交流产生了更广泛的方式，我们组织也面临着很多的挑战。在这样一个变化时代里面，我们如何处理好长期主义和面对现实挑战的关系。作为企业来说你必须去面对每天发生的挑战，但是也要有长期战略的考量，这是非常重要的一个启发。

同时，在数字化时代，我们应该跟国家所具备的优良的传统文化相结合。如何在中国优秀的文化基础上做好组织化时代的变革。彼得·圣吉教授曾经在二十多年里，每年来中国一个月，他跟南怀瑾老师了解了中国许多优秀的文化，对我们来说，同样要知道在数字化时代，如何去弘扬优秀的中华文化，用文化的力量来应对不确定性的变化。

无论是来自企业家还是教育界，我们大家都面临着心智模式的重塑，就是在这个变化时代里，在技术挑战面前如何塑造能够和时代与时俱进的心智模式，我认为这是很大的问题，是一个可以让大家共同去努力的好问题。

彼得·圣吉

在这点上，可能大多数传统智慧和文明都是一样。怎么从本质上理解流动的心智呢？可以说是一种时刻关注当下的心智，不是受到了禁锢的心智。

通常我们的心智模式受到了一定的禁锢，我们觉得自己是对的，觉得自己知道答案，事情就应该按照我们的认识进行、发展，这就会侵蚀我们关注当下、认知当下的能力。

孟子说过要培养平稳的心智，但他绝对不是指僵硬的心智。恰恰相反他指的是在某个层面保持稳定的认知，他和孔子都说过，最大的危险来自奉承和谄媚，这对于领导者来说是非常危险的。因为你会觉得自己被重要的情绪主导、支配。

相反地，要培养稳定的心智。孔子在《大学》里说过，知止而后有定。他指的是要培养让心智的惯性停下的能力，这样你才能专注地看，专注观察，全身心地沉浸在当下。在这种状态下，你就有了流动性。因为这种状态下，你不再在意自己的形象，只看到自己想看的东西，只听到自己想听的东西，是切切实实地在关注当下。

培养专注当下的能力对于保持开放的心态很重要，能让你的心智模式不断进化、演变。这其实是个普适的思想，但是两千多年前，孔子、孟子等儒家学派的人，阐释得尤其深入明了。因为他们非常关注成为好的领导者需要具备什么特质。我觉得他们的思想也是中国文化和哲学的宝贵珍宝。

中国文化中修身明德的思想、道家思想，当然还有佛家思想，这些思想都是中国文化最深层次的根基，他们都有利于人成为更好的领导者、更好的管理者、更好的老师、更好的政府官员，等等。这些都在中国文化中融为一体，但没有得到广泛认识。西方文化中偶尔也有这种融为一体的例子。

大部分情况下，哲学和宗教在一边，商业和政治在另一边，他们没有联系，没有交融，而这是个挑战。本质上，这跟一开始说的内容其实是一样的，要建立真正致力于人的发展的组织，就必须要把切实的管理和人的修炼结合起来，而这个修炼包括认识、流动性和关注当下等方面。

我觉得这两者是可以齐头并进的，但这也是一个终身旅程，我也认为这是我们的世界最需要的东西之一。毕竟，身居高位者、位高权重者中，有太多人不够睿智、缺乏智慧。

扫码听一听

2021年是《中华人民共和国国民经济和社会发展第十四个五年规划和2035年远景目标纲要》（简称“十四五”规划）开局之年。“十四五”规划专门谈到“加快数字化发展，建设数字中国”问题。在这里，想和您分享我在年中给人民日报《环球人物》杂志社人民教育“党员干部综合能力提升项目”做的分享，关于如何解读数字经济，以及如何打造数字经济新优势。

之后，还有两篇文章，阐述数字经济大潮下，什么是EBC，以及如何用EBC向管理要效益。

NO.2 用数字战斗力，向管理要效益

导读

2021年是《中华人民共和国国民经济和社会发展第十四个五年规划和2035年远景目标纲要》（简称“十四五”规划）开局之年。“十四五”规划专门谈到“加快数字化发展，建设数字中国”问题，且明确要“打造数字经济新优势”，将数字经济发展和数字化转型的目标与作用提高到了国民经济引擎的高度。

2021年7月21日，我应中国企业联合会智慧企业推进委员会“智慧企业赋能高质量发展大讲堂”、人民日报《环球人物》杂志社人民教育“党员干部综合能力提升项目”联合推出的“数字化转型系列在线课程”邀请，面向全国各地党员领导干部及企业家，在北京以直播的形式，进行了一次题为“用数字战斗力 向管理要效益”的深入分享，对“数字化转型”趋势下，如何洞察市场变化、用好“数字战斗力”，以及转型下的中国管理模式，都做了深入的剖析。

如下是我的演讲内容精选，在此特别与您分享。

趋势洞察

为什么在2020年全球遭受新冠肺炎疫情重创的背景下，中国成为全球抗疫最成功的国家？因为快速控制疫情的背后，我们通过一个健康码实现了所有数据的互通，这就是大数据支撑下的精准防控。

为什么新能源智能汽车成为市场的新宠？因为大数据在推动驾驶体验的改善。汽车行业在发生翻天覆地的变化，谁善用数据科技，谁将抢占商业竞争的制高点。

这是一个数据科技制胜的时代，谁善用数据科技力，谁就将抢占商业竞争的制高点。这是一个重构数字战斗力的时代，在企业每一个价值链和场景中，收集、存储、处理、分析和转换数据的能力都会带来额外的力量和竞争优势。

调查咨询机构埃森哲的一个分析报告中提道，企业的每一次转型，都会推动商业进化，增加商业价值。但是如果采用新技术进行数字化转型，就会带来更高的商业价值。在这两者之间有一个禁锢价值缺口。这个缺口代表着在每一个企业里面隐藏的、不断强化的颠覆力量。数字化能够极大地激发每一个企业的潜能，让它的数据、数字变成一种战斗力。

数字化转型释放禁锢价值

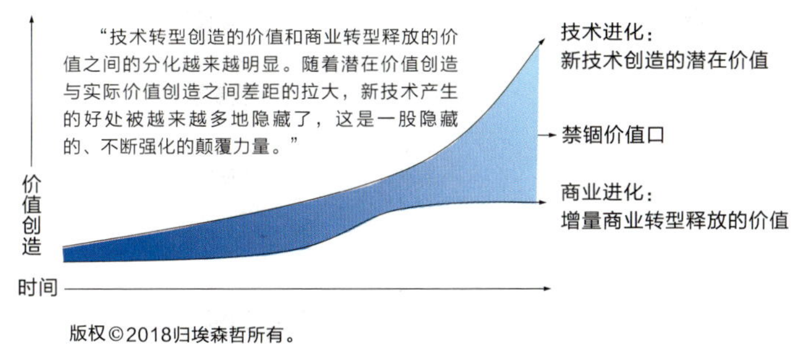

资料来源：[英] 奥马尔·阿布什，[美] 保罗·纽恩斯，[美] 拉里·唐斯. 明智转向：一本书读懂企业数字化转型战略[M]. 陈召强，陈宇，李杉，译. 北京：中信出版社，2019.

在技术巨变、消费巨变、产业巨变、管理巨变的背景下，传统的企业管理模式也在发生改变，过去强调按计划来做管理，现在的企业管理更看重企业业务能力，即数字战斗力。对应企业管理软件，就是从ERP（企业资源计划）升级到EBC（企业业务能力）。

什么是数字战斗力

EBC是“企业业务能力”，或者我们称为“数字战斗力”，每个企业的数字战斗力可以用五个平台来进行反映。

EBC五大平台重构五大数字战斗力

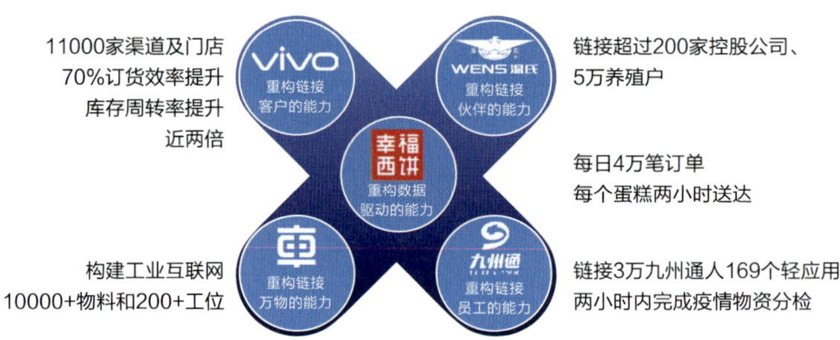

客户体验平台，将全链路、全场景链接服务于客户。VIVO有11000家渠道及门店，通过金蝶提供的一个全渠道营销平台，使得它的店铺效率提升了70%，库存的周转率提升了近两倍。

生态系统平台，展现的是一种链接和赋能伙伴的战斗力。温氏链接了200多家合作伙伴，以及5万养殖户，形成了一个巨大生态平台。

物联网平台，反映的是链接和管理万物的战斗力。我们帮助中车株机构建了一个物联网平台，链接上万种的物料，把200多个工位链接在一起，使得企业竞争能力大幅提升，以更快的速度和更低的成本完成交付。

信息系统平台，展现的是链接和赋能员工的战斗力。九州通在抗疫期间，用了短短的不到半个月时间，把所有捐赠的物资整理得井井有条，它采用了我们提供的移动互联网平台，帮助链接了3万名九州通员工。

数据分析平台，展现的是数据驱动业务的战斗力。幸福西饼把上千家的蛋糕店开到全国各地消费者社区里，形成了一个数据分析的平台，可以做到两小时送达。

这五大平台是每一个企业的核心竞争能力。

五大平台的成熟度调查发现 大企业市场

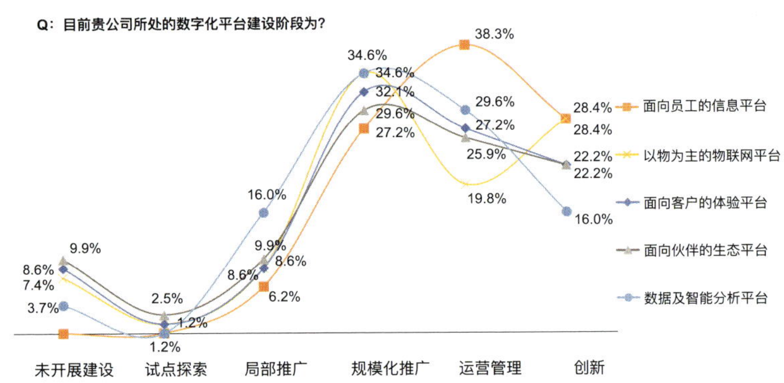

在金蝶的调查中发现，中国大企业的五大数字化平台成熟度均未达到50%的水平，中国企业数字化转型的空间还非常大。尽管如此，现阶段企业的数字化转型已经发挥出了强大的数字战斗力，每一个行业、每一个企业都应该建立五大数字化平台，并把五大平台组合起来，进一步增强企业的核心战斗力。

在深圳蛇口工业区有一句大家都很熟悉的口号：“时间

就是金钱，效率就是生命。”这句话由蛇口工业区创始人袁庚在1980年提出，原因是在改革开放早期，中国企业的管理非常落后，管理效率低下，管理者必须追求更高的管理效益。

改革开放之后，国内的一系列管理方法基本都是从西方引进。经过几十年的发展，中国的GDP已经升至全球第二，中国的企业已形成了自己的管理模式，积累了自己的管理方法，企业的管理水平也有极大提升。

在数字化浪潮风起云涌的今天，要进一步提高管理效率，进一步提升企业的竞争力。其中通过大数据积累、分析和精准推送，让每一个人在做决策的时候能够及时地获得想要的信息。场景就是战场，数据就是战斗力，要用数字战斗力，向管理要效益！

金蝶实践

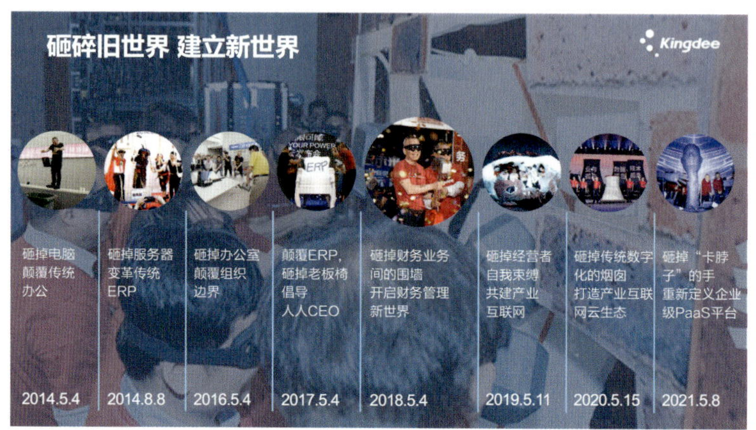

金蝶自成立以来的28年里经历了三次转型，其中，最近几年的云转型最为激动人心，坚定了我们要让中国管理软件在全球崛起的决心。

企业的数字化转型，必须牢牢坚持以客户为中心的方向，否则就不能为客户创造更多价值。金蝶在2018年开通了微信服务号，跟金蝶几十万用户建立起了连接，使得金蝶坚定了以客户为中心的转型方向，进一步推进了金蝶的云转型。

金蝶从2016年开始，累计投资将近20个亿研发了金蝶云·苍穹。在金蝶云·苍穹平台上面有三朵云：星辰面向小微企业，星空面向中型企业，星瀚面向大型企业。我们称之为“一箭多星”，能够解决大、中、小企业的数字化转型，并且为他们提供解决方案。中国的管理软件过去很大程度上依赖国外的技术，金蝶云·苍穹的问世让我们摆脱了对国外技术的依赖，突破了“卡脖子”的技术难题。

至今，金蝶已服务了各个行业的680万个客户，同时也在助力国家部委、地方政府与公共组织的数字化转型。还在工信部的指导下建立了企业战斗力指数，在2020年新冠肺炎疫情防控的关键时刻，金蝶向工信部等国家有关部门提供了各个省区市小微企业的经营状况指数，为疫情防控、复工复产起到了一定的支持作用。

云转型成功的金蝶获得了国内外市场和客户的认可，到2020年年底，金蝶云的收入占比已经达到了57%，同时也获得了投资者的认可，从2014年至今股价增长了14倍。

转型感悟

企业成长的过程，就是企业家和团队共同求道的过程，就是内心寻找光明的过程；企业的转型就像登山，越往上走越艰难，但越往上越要提升境界，提升格局。世界管理大师彼得·德鲁克曾说过一句话："21世纪，中国将与世界分享管理奥秘。"

除了研究管理软件之外，我也一直在探寻中国管理模式的奥秘，这个奥秘就是"心"，心是万事万物的源泉，不断修炼我们的内心，就能做到心明眼亮，洞察万事万物的本质。

中国管理模式的本质是什么

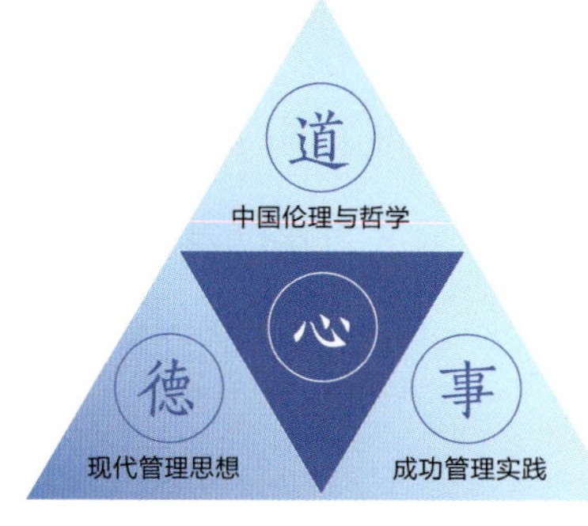

中国管理模式三角模型

“心—道—德—事”四部曲是转型变革的哲学指南，数字化转型的变革，其中，最重要的是明心、净心。

数字战斗力不是来自外界，而是源于我们的内心，数字化转型的最大阻力往往也来自我们的内心。领导者要突破认知瓶颈，提升境界和格局，提高以客户为中心的认知，才能推进数字化转型，让数字发挥出更强战斗力。

在数字化新浪潮中，我们有场景、有新技术，明白了企业管理新奥秘，我相信我们一定能创造出新的管理模式。在未来，每个行业都会有每个行业的管理模式，中国的企业管理模式将会带有中国文化的特征，并且在全球崛起！

扫码听一听

NO.3 用EBC，向管理要效益

导语

过去40年，中国能够发展得如此之快，得益于改革开放政策，得益于中国人的勤劳和勤奋，当然，也得益于管理。未来40年，我们要靠什么？我们更应该靠管理。

而我想和各位朋友分享一个主题“用EBC，向管理要效益”，从三个故事开始。

三个借助EBC重构数字战斗力的故事

第一个故事，在2019年年底新冠肺炎疫情突袭而至的时候，我们突然接到一个任务，就是华海通信（原华为海洋）用了10多年的国外系统不能再继续使用，需要用本土系统。在此情况下，金蝶奔赴天津，正好赶上疫情突袭，任务非常紧，但是华为海洋和金蝶一起用68天上线基于工业互联网平台的全业务场景协同解决方案。4月完全替换华为海洋花费10多年建成的184个国外系统，覆盖华为海洋的LTC、PTP、ITR、IPD四大核心业务流程，以及全业务场景：研发、销售、工程项目、生产制造、供应链、售后服务、财务、人力资源和办公管理等，确保了每一位员工在信息系统的链接下更高效地工作，保障了其业务的连续性。

第二个故事，云南中烟。尽管云南中烟的数字化项目时间短、任务重，但是金蝶云·苍穹仅耗时98天，完成12个领域全面替换国外某系统，实现核心业务、基础技术、卷烟供应、业务数据等的一体化集中管控，推动云南中烟高质量发展。并且金蝶云·苍穹系统于2021年1月1日上线运行，成功完成了ERP软件的国产化替代，获得了阶段性成果，这是云南中烟信息化建设的历史性时刻，也是烟草行业ERP系统国产化替代的重要进程。以金蝶云·苍穹平台为统一的技术底座，云南中烟实现各单位独立自主完成创新应用的开发和迭代。

第三个故事，我们有幸中标了华为的全球人力资源项目。华为全球人力资源项目一期已正式上线，金蝶与华为将持续推进、共建面向未来的数字战斗力，金蝶将结合华为HR实践，在2022年金蝶云·苍穹峰会上隆重推出星瀚HR。

以上只是众多案例当中的3个，我们在现场还有招商局、华大、褚氏农业等，各个方面都应用了金蝶的系统。

还有超过**400家大型企业**

30000家中型企业

正借助EBC重构数字战斗力

在金蝶云·苍穹上构建的系统，我们把它称之为EBC（企业业务能力，Enterprise Business Capability）。像刚才讲的案例，我们还有超过400家大型企业，3万多家中型企业正在借助于EBC重构数字战斗力。

EBC究竟是什么？

大家知道，互联网进入了以“管理”为主题的3.0时代。1.0大概是2000年，主要是“链接”，每一个企业把产品和服务的目录放在网上，供访问者随时访问；2008年左右，互联网进入了以“交易”为主题的2.0时代，淘宝、京东等电商开始崛起，此时的企业之间的、商家之间的买卖、交易成为互联网的特点；现在，互联网进入了“管理”3.0的时代，互联网的浪潮汹涌澎湃，从消费者端到交易，再到企业的内部，到了我们每一个人的脚下。管理，成为互联网的新主题。

互联网进入“管理”为主题的3.0时代
EBC正在替代ERP

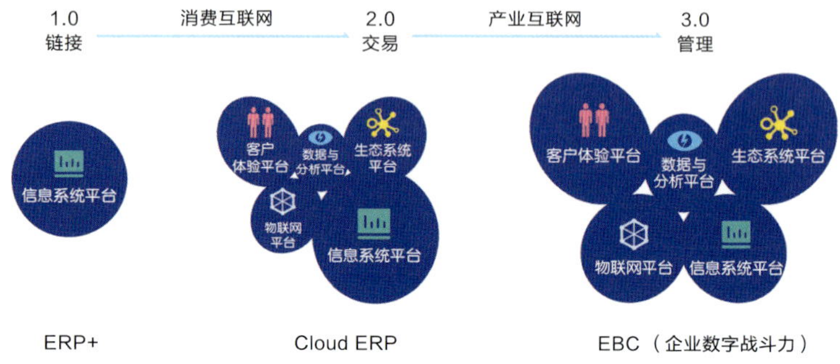

这3个阶段，我们可以看到ERP的变化，1.0时代称之为“ERP+”，ERP的发展范围没有什么变化，更多的是对外进行链接；2.0时代，除了ERP核心系统、信息系统没多大变化外，其他的面向客户体验平台、合作伙伴平台，以及物联网平台逐渐衍生出来，这些衍生出来的都是在云上，我们称之为“Cloud ERP”时代；到了现在，进入3.0时代，即“EBC”。

每一个企业的数字化、每一个场景的数字化，已经不仅仅是一个工具、一个系统，而是数字化的技术和业务、场景融合起来，变成一个个的业务能力。所以企业的数字化系统演变成企业的业务能力，我们把它称之为战斗力，特别是疫情当下，企业的业务能力更是一种战斗力。

EBC平台由五大平台组成，我们把它称之为EBC五大平台数字战斗力。

EBC五大平台数字战斗力

数据驱动业务的能力
未来的企业将逐步演变成软件企业、数字企业，数据成为核心资产，通过智能化的数据分析平台，为客户创造个性化的场景价值。

链接和服务客户的能力
客户从“价值交易者”变成“价值共创者”利用客户体验平台，全流程参与价值创造。

链接和赋能伙伴的能力
在战略上转型为生态企业，价值创造的载体从价值链升级到价值生态网络。

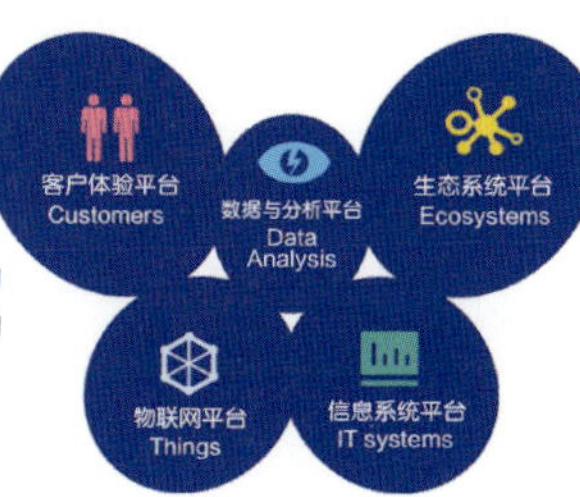

链接和管理万物的能力
链接力将成为未来企业的核心能力，通过物联网平台，实现人人、人物、物物互联互通。

链接和赋能员工的能力
科层制组织转型为平台型企业，企业演变成“可组装式”的企业，组织能力平台化，人人都是CEO，激励个性化，组织以“大平台+敏捷团队”为核心架构。

客户体验平台：链接和服务客户的能力，客户从“价值交易者”变成“价值共创者”，利用客户体验平台，全流程参与价值创造。

生态系统平台：链接和赋能伙伴的能力，在战略上转型为生态企业，价值创造的载体从价值链升级到价值生态网络。

物联网平台：链接和管理万物的能力，链接力将成为未来企业的核心能力，通过物联网平台，实现人人、人物、物物互联互通。

数据与分析平台：数据驱动业务的能力，未来的企业将逐步演变成软件企业、数字企业，数据成为核心资产，通过智能化的数据分析平台，为客户创造个性化的场景价值。

信息系统平台：链接和赋能员工的能力，科层制组织转型为平台型企业，企业演变成“可组装式”的企业，组织能力平台化，人人CEO，激励个性化，组织以“大平台+敏捷团队”为核心架构。

在EBC发展的过程中，Gartner（高德纳咨询公司）又提出了新的概念——PBC（封装业务能力，Packaged Business Capability）。PBC是可打包的业务能力，它的特点是以业务为中心的模块化、自治、可编排和可发现。模块化，就是一个个组件，这些组件可以搭建起来；第二个特点是自治，意味着自给自足，依赖性最小，确保组合的灵活性；第三个特点是可编排，打包并通过应用编程接口、实践通道或其他技术手段组装流程或复杂事务；第四个特点是可发现，语义清晰并且经济化，可供业务和技术、开发者和其他应用访问。

简而言之，就是一个个业务场景可以变成一个个颗粒化的“积木”，比如说企业里面的库存管理、采购、规划和销售规划就是公司的“积木”，你可以通过对“积木”进行不同的组装，打造一组新的应用程序以应对外部环境的变化。

EBC五大平台就可以变成一个可组装的战斗力，让每一个企业插上腾飞的翅膀！

数字化发展到今天，每一个企业如果能变成一个可组装的企业，无论外部的环境有多么不确定，企业都可以以不变应万变。

如何应用EBC向管理要效益？

我们如何应用EBC向管理要效益？有以下两个途径。

第一，通过数字化来运营优化，可以借助于EBC的五大平台来不断提升客户体验的水平、员工的效能、生态的协同、万物的互联、分析决策的能力。数字化运营优化，它解决的问题就是以响应市场需求、渠道变化等或者增强业务的核心竞争力为目标，通过数字化运营以后，企业端到端运营的效率将会显著提升，战斗力也会增强。

第二，用数字化进行商业创新，可以形成自己的数字化产品，这些产品在网上或者是互联网平台上，可以变成流量收入，最后也可以形成企业的数据产品，从而形成平台经济。数字化让企业有了全新的产品或服务，新的收入来源或计费模式，商业模式发生了根本改变。

这两个途径，每一个企业都可以根据自己的情况来采用。数字化运营优化风险小，转型程度低，这对多元化的企业及成长性业务，或者说没有被颠覆风险的行业是比较适合的；数字化商业创新风险大，转型程度高，这对于多元化企业的孵化器业务，或者是正在被颠覆的行业，或者主动颠覆制程的行业是适合的。当然，商业化创新带来的价值要比数字化运营优化更高。

数据就是金钱，体验就是生命

金蝶从2016年开始打造金蝶云·苍穹，金蝶云·苍穹作为企业级的PaaS平台，已经成为EBC的超级数字化底座。我前面讲到的3个成功的案例，以及400多家大型企业和3万多家中型企业，金蝶云·苍穹发挥了它的作用。我们也携手3000多家生态伙伴打造“共创、共赢”的苍穹生态，我们不是一个人、一个企业在作战，我们是一群人、一个生态在作战，金蝶希望帮助企业在疫情不确定性环境下增强战斗力。

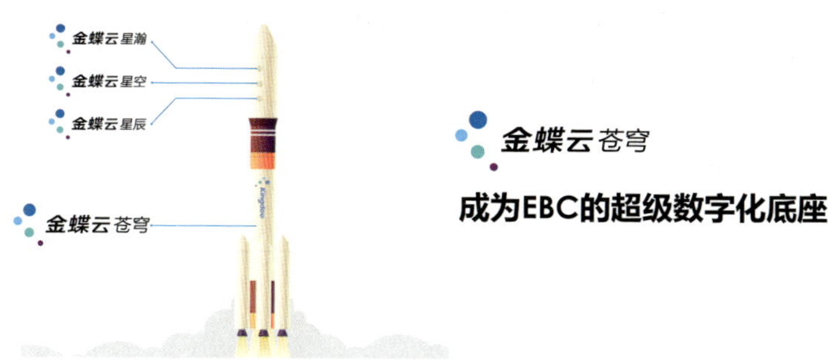

30多年前，经过蛇口的人都知道有一句口号“时间就是金钱，效率就是生命”。中国过去40多年的改革开放，经济的飞速发展，就得益于这样的口号。我们每一个人、每一个企业对时间和效率都是高度重视的。但我在想，现在和未来，我要倡导这样一句——“数据就是金钱，体验就是生命”。

在金蝶的金蝶云·星辰和精斗云的产品上，我们设计了一个信用科技的模块，通过EBC的企业数字化转型，在未来，全世界的经济都会在一个数字账本上。通过金蝶信用中心，每一个企业可以自愿把你的数据（比如财务数据）放到区块链上，上链以后，企业就不能改，但可以给企业累计信用，让企业的数据变得可见、可信。通过信用科技，让可见、可信的数据，变成信用融资机会，变成企业上下游更多的生意机会，在这个过程中，数据就通过EBC的力量，变成了金钱！

数据就是金钱

在未来
全世界的经济
都在一个数字账本上

另外一句话“体验就是生命”，金蝶这几年来的转型，我深刻感受到了客户的每一次体验，就是企业的每一次生命。2018年，我开启了公众号——徐少春个人号，每天可以收到上千封客户的来信，包括一些抱怨及意见。客户的每一次声音，都是对我们的鞭策，所以我深深地感到，客户的每一次体验，都是企业一次重生的机会。我们在端到端的流程里面，如果把每一个接触点的体验做好，让数字化、让EBC、让每一次体验都变成是一次次有效的链接或者是价值的链接，或者是愉悦的体验，每一个企业就会显著增强战斗力。我的微信服务号自2018年开设以来，客户满意度从原来的80%增长到了91%。

如何用EBC构建美好的数字化愿景？

彼得·德鲁克曾说“大变局时代，企业最大的危险不是变化本身，而是采用昨天的逻辑去应对变化”。EBC的应用，是一场哲学的变革。我也常常提到这个公式，Capability（企业业务能力）=Mindset（思维模式）×Technology（数字化技术）×Practice（企业实践）。在这里面，每一个因素都是一个很重要的因子，特别是思维模式。

EBC是哲学的变革

Capability=Mindset×Technology×Practice

企业业务能力　思维模式　数字化技术　企业实践

我们应该用怎样的心智模式去构建美好的数字化愿景呢？数字化转型就是“事”，如果只在“事”上用功，收效甚微。如果我们表现出更大的智慧、胸怀和能量，在“德”上用功，就收效颇丰。在“道”上用功，就必然成功。但是求一个“德”，也许需要十年的时间，修一个“道”，也可能终其一生，捷径就是在我们的“心”上用功。如果我们的每时每刻，每一个动念，都是围绕客户，围绕他人，我们不断明心和净心，就能找到最好的数字化的美好愿景。

四部曲

今天聚集在一起，因为我们是一群创见者。我们是一群具有创造性见解及开拓精神的人，我们喜欢解决问题，也乐于回馈他人；我们拥抱变化，无惧挑战；我们享受分享的快乐，在成就他人中获得成长。因为相信，所以创见，我们正在努力让世界变得更加美好。

创见者

CHANGEMAKER

他们是一群具有创见性见解及开拓精神的人

他们喜欢解决问题，也乐于回馈他人

他们拥抱变化，无惧挑战，他们享受分享的快乐

在成就他人中获得成长

因为相信，所以创见

他们正在努力让世界变得更加美好

我们金蝶的每一个用户、伙伴、朋友都是创见者。这样一个时代，我们一起来创造不平凡，在平凡的岗位创造出不平凡的事业。我想，我们每一个人都希望让世界变得更加美好，让我们大家一起共同努力，深深地祝福大家，谢谢！

扫码听一听

NO.4 做客人民网：用EBC，助力企业韧性发展

导语

“十四五”是我国经济高质量转型发展、产业提质增效升级的关键时期。其中，数字经济作为一种新的经济形态，正成为推动经济发展质量提升的重要驱动力。

大数据时代，数字经济上升至国家战略层面，加速了我国数字经济的落地与实质性发展。新时期，企业数字化转型的方法和路径有哪些？

2021年年底，我有幸做客人民网“人民会客厅”视频访谈栏目，分享当前行业如何洞察市场变化、用好数字战斗力，以及探讨转型下的中国管理模式发展新趋势，为推动企业高质量发展分享一些洞见与建议。

人民网记者

“十四五”开局之年，数字经济上升至国家战略层面，数字时代的新生态、新机遇，对所有的产业都将带来深刻变革。您对行业、产业有哪些洞察?

徐少春

数字化转型正在成为当下企业发展的必由之路。每一个企业家都意识到，必须要进行数字化转型。最终，企业数字化转型目的可以概括为“重构数字战斗力”，新的数字经济和新的业务能力将变成企业新的战斗力。

我认为，其背后起决定作用的内在动因关键在于四个

“巨变”，即技术巨变、消费巨变、产业巨变和管理巨变。在此背景下，传统的企业管理模式也在发生改变，从过去强调按计划来做管理，现在的企业管理更看重企业业务能力，即数字战斗力，对应企业管理软件，就是从ERP（企业资源计划）升级到EBC（企业业务能力）。

人民网记者

国家重视创新，企业也在积极地进行升级改造。但我们观察到，这一波的转型和以往不同的是，以前企业关注经营的结果，现在企业对升级转型能否带来管理效益更加注重。您怎么看？

徐少春

对于企业而言，我认为，进入互联网3.0时代，互联网大潮已经蔓延到了每个人的脚下，到了每个人的管理中。每一个企业的财务、供应链、生产制造管理，要跟整个产业链全部进行拉通，进行重构。

我们现在进入了互联网3.0时代。1.0是链接，每个企业做一个网页；2.0是交易，在电商上进行交易；3.0是管理，管理成为当下最重要的主题。我创业多年，见证这个行业发生了翻天覆地的变化。但是未来20年、30年、40年我们靠什么？要靠管理。要关注管理，代表企业从关注短期盈利，到关注长期价值，坚持长期主义，就是坚持高质量发展，就是向管理要效益。

人民网记者

许多传统企业也在积极寻求数字化转型。在数字化浪潮席卷下，企业如何“变”中谋“进”迎接新挑战？

徐少春

我建议，可用金字塔模型来阐述企业数字化转型。首先是运营转型，以客户为中心，端到端的重构。然后是产品和服务的转型，产品要智能化，制造要服务化等，这个转型将会带来更高的价值。再上一层是战略和商业模式的转型，这会带来比前两个转型更明显的价值。最后一层是文化的转型。

转型的迫切性凸显，其阻力也不少。我想，每个企业要数字化转型，其实最重要的是突破文化的瓶颈，文化转型、打破束缚才是关键。过去我们很大程度上是以自我为中心，现在和未来要强调以客户为中心，真正把客户放在自己的心上。

人民网记者

您认为中国企业在进行数字化转型过程中面临最大的困难是什么？

徐少春

关于企业数字化转型，我认为转型就是转心，转心就是成长。数字战斗力不是来自外界，而是源于内心，数字化转型的最大阻力往往也是内心，领导者要突破认知瓶颈，提升境界和格局，提高以客户为中心的品质，才能推进数字化转型，让数字发挥出更强战斗力。

我们过去提炼了企业传统管理模式的“七宗罪”，本质其实就是传统架构和思维模式。2021年我们砸掉的“烟囱”，即信息孤岛、会导致信息系统“大、笨、重”，形成“数据壶”。在这种情况下，企业容易进入“守旧而非创新”“管控而非赋能”“占有而非链接”，最终形成“管理者自我束缚”。从技术上来说，近年来，为了应对外部乌卡时代（VUCA）的环境，企业越来越需要一些快速应变的能力，比如金蝶云·苍穹提供了一种应变力。它的PaaS平台的低代码等能力可以让客户因应业务变化需求快速实现重构。

人民网记者

您曾提出要实现“让中国管理模式在全球崛起”的目标，实现过程中最需要克服的困难是什么？

徐少春

除了研究管理软件外，我也一直在探寻中国企业的管理模式。中国管理模式最核心的还是中国的文化。中国的企业要有自己的管理模式，要有属于自己的领导力模式、企业的经营模式、企业的管理模式等。

我提出要让中国管理软件在全球崛起，实际上，这个目标越来越清晰了，信心也是越来越足了，因为中国企业在崛起。如今，中国的企业正在发生巨变。在数字化的新浪潮中，有场景、有新技术，结合企业管理新方法，一定能创造出新的管理模式。

我也坚信，在未来，每个行业都会有每个行业的管理模式，中国的企业管理模式将会带有中国文化的特征，并且在全球崛起。

扫码听一听

我还想分享一下数字化时代智能财务方面的最新洞察与思考。2021年6月1日，我在上海国家会计学院主办的“创新驱动、数智未来”论坛上发表了“财务管理新世界”的主题演讲。借此文，向几年来与我们共商、共建、共享财务管理新世界的伙伴们致敬，也期待更多同行者的加入。

NO.5 | 财务管理新世界

尊敬的各位领导，各位嘉宾，各位学员，大家上午好！

我觉得上海国家会计学院“会计未来”这个主旨非常好，会计的“会”隐含着一个秘密，首先“人”在上面，下面是一个“云”，人在云端，必有未来。

我今天分享的主题是“财务管理新世界”，分为三部分：新财务、新平台、新思维。

新财务

从2014年开始，我每年有一“砸”，2014年把笔记本电脑“砸”了，同时金蝶推出云之家移动办公软件；2014年8月8日把服务器“砸”了，让客户用云服务；2016年5月4日把办公室隔断“砸”了；2017年把ERP“砸”了，因为在新的产业互联网时代，ERP的理念要发生改变。

巨变一 **技术巨变**

新技术集中爆发 让一切皆有可能

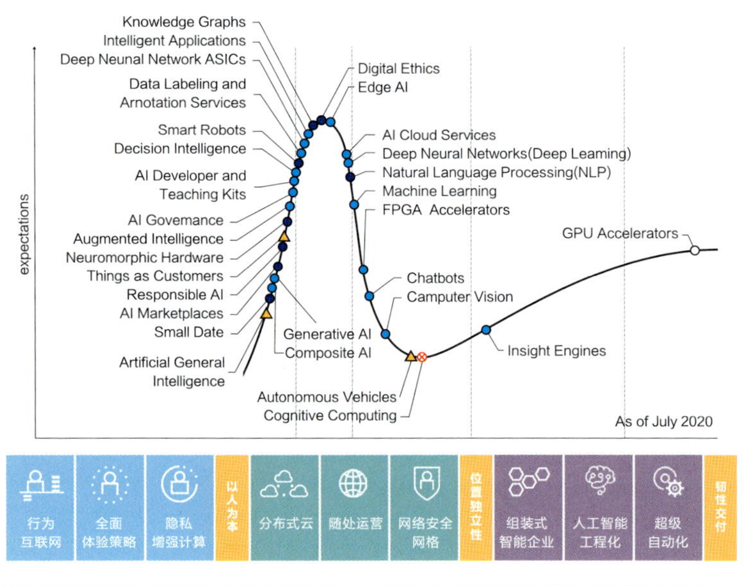

资料来源：Gartner。

特别在2018年5月4日，我把财务和业务的围墙“砸”了，因为财务和业务本来就是一体两面。然后从那天开始，我一直在想一个问题，在数字经济时代，我们怎么“砸”碎一个旧的世界，建立新世界，怎么共商、共建、共享财务管理新世界。

巨变一，技术巨变

画面左边的模型是技术曲线，很多的新技术，云计算、大数据、人工智能等新技术，都在这几年间迅速地、集中地爆发。同时这些技术应用到企业的方方面面，右边有九项新的技术，在企业里目前或者未来三到五年将会全面应用。

九项技术归纳起来有三个特点：第一个以人为本，把人放在第一位；第二个位置独立性，无处不在；第三个韧性交付。其中以行为互联网为例，讲的是每一个人都会形成很多的数据，这些数据反过来又可以指导人的行为，它构成人的行为互联网。

巨变二，消费巨变

我国90后、00后有3.7亿人，占到整个国家人口的25%。美国有两位专家（格雷格·L.威特和德里克·E.贝尔德）写了一本书《新生代消费者要什么》，提到新生代消费崛起，消费行为场景化、粉尘化和情感化。很多业务活动都是一系列碎片化的场景，在直播当中，你可以做生意，还有短视频、小程序等。我们处在一个消费巨变的时代。

巨变三，产业巨变

巨变三 **产业巨变**

产业价值链剧烈重构 平台定义产业生态

产业价值链，特别是传统行业价值链正在剧烈地重构，平台在定义产业生态，过去消费互联网，衣食住行这些行业发生很大的改变。但是互联网的浪潮，已经到了传统企业的脚下，传统企业正在进行价值链重构。另外，由信息化到数字化到智能化，产业的生态化，过去是产业链的集群，未来是价值网络及平台生态系统。比如特斯拉，新的能源汽车以它为代表在迅速地崛起。汽车行业还是汽车行业吗？其实它是一个新的出行体验的行业，也是大数据行业。这样的现象在各行各业，每天都在发生。

巨变四，管理巨变

我们现在进入了互联网3.0时代。1.0是链接，每个企业做一个网页；2.0是交易，在电商上进行交易；3.0是管理，管理成为当下最主要的主题。向管理要效应，人人都是CEO。产业生态化、战略生态化、组织平台化。哈佛商业评论2018年出了一篇文章，讲海尔人单合一的管理模式，终结了科层式的组织架构。价值共创化，过去员工是打工者，按职位付薪酬，现在是合伙人，按价值进行付薪。

新财务趋势

在四个巨变情况下，财务会发生什么样的变化？

这两年我们跟北大陈春花教授团队一起研究发现有这样一些趋势。

趋势一，财务正在由小财务到大财务。由核算型、业务型、战略型到生态型，进入4.0时代。

趋势二，数字时代在催生新的财务管理模式。传统的企业财务管理从管理目标、管理工具、管理范围、管理对象、分析方法、结果呈现，都出现了很大的改变。比如从管理工具来讲，过去是一套财务软件，现在和未来它是平台，提供一个平台给企业使用，而企业本身通过低代码平台、无代码平台在里面进行一系列的场景创新。

趋势三，未来三年，高级分析是财务领域首选的技术。可能有人问，财务机器人很流行，财务机器人比比皆是，未来三年，是更高级的多维分析，这样的高级分析将是最主流。

趋势四，企业转型要对顾客的价值创造实现实时呈现。我们做了一个调查，对五千人的财务总监和财务经理人进行调查，38.8%的人认为，将主体对顾客的价值创造，实时反映在其主体账户中，可以实现财务管理体系与客户价值的增值对接。

趋势五，财务人员的新角色产生质的改变。过去是账房先生，现在是军事参谋；过去是资源消耗者，现在是价值创造者；过去是变革的被动者，现在是变革的引领者；过去是业务的执行者，现在是数字化构建者。

趋势六，企业越来越向生态发展，财务引领价值创造。每一个企业的组织，特别是行业领先企业的组织，经历很多的变化，由刚性组织、职能组织、精益组织、柔性组织、自组织，发展到生态组织。

趋势七，企业财务管理五个基本假设遇到新的挑战。理财主体假设，过去讲一个企业，一个主体在组织边界内，现在因为连接、生态而产生新的价值，这个发生了改变。持续经营假设，过去是短期的，按月、按季、按年，未来是长期的。有效市场假设，过去相对健全而有效，现在大数据提供了更高的要求和挑战。资金增值假设，过去假设价值是可以不断地增加，但是现在如果把资金的管理放在整个企业财务管理的范式当中进行考虑，你会发现不能再割裂开来进行考察。理性理财的假设，过去理性行为是理财，多元化的背景和商业的洞察，为财务人员赋予新的能力。

趋势八。很多企业变成生态后，向上，要战略融入别人的生态；向下，要让核算的个体、小微创意单元随时记录它的价值创造。向后，财务会计要更加准确地、精准地呈现财务报告；向前，管理会计业务要事前算赢。财务边界在越扩越大，一个大财务、大业务的边界在不断的融合和扩大。下图下面是数据中心，中间是各种各样的小微单元、创意单元，再往上走是各种各样的前台团队。我们要反映用户价值、合作伙伴的价值，最终反映一个生态圈的整体的价值。

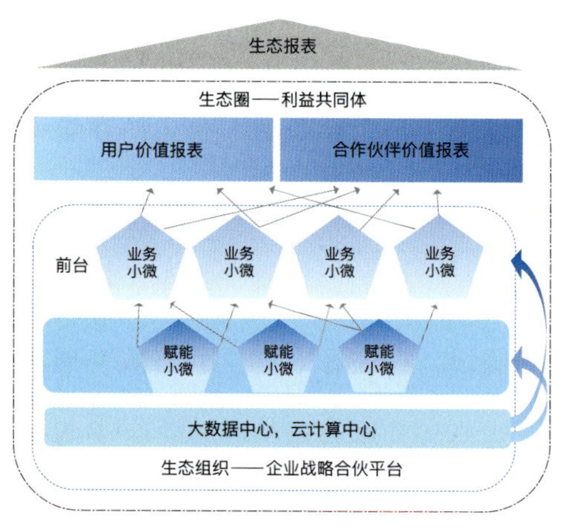

资料来源：《数字化加速度，工作方式、人力资源、财务的管理创新》，陈春花、徐少春等著。

传统财务报表与这张表在编制主体、报告目的、编制单位、关注重点、损益定义、报告期间、编制逻辑期间发生了很多改变。

海尔编制了共赢的增值表，过去是传统的损益表，项目、收入、成本、费用、利润，中间是海尔共赢增值表，这里反映了生态圈的用户资源及资源的连接化，在企业财务报表里客户资产没有反映在报表里，合作伙伴创造的价值也没有反映在报表里。最右边是海尔小微损益表，把各个业务单位战略业务单元（SBU）的价值都呈现出来，一个领先的企业，特别是一个行业领先的企业、生态领先的企业需要有一个共生价值。

趋势九，CFO是推动企业数字化转型的核心力量。在微软加速器的调研当中发现，在数字化转型里，CFO认为自己承担的责任更大，达到69%。在CEO对CFO、CIO等角色的期待当中，对CFO的期待更大，占到56%。事实上CFO已经成为企业数字化转型的核心力量。

海尔的“共赢增值表”

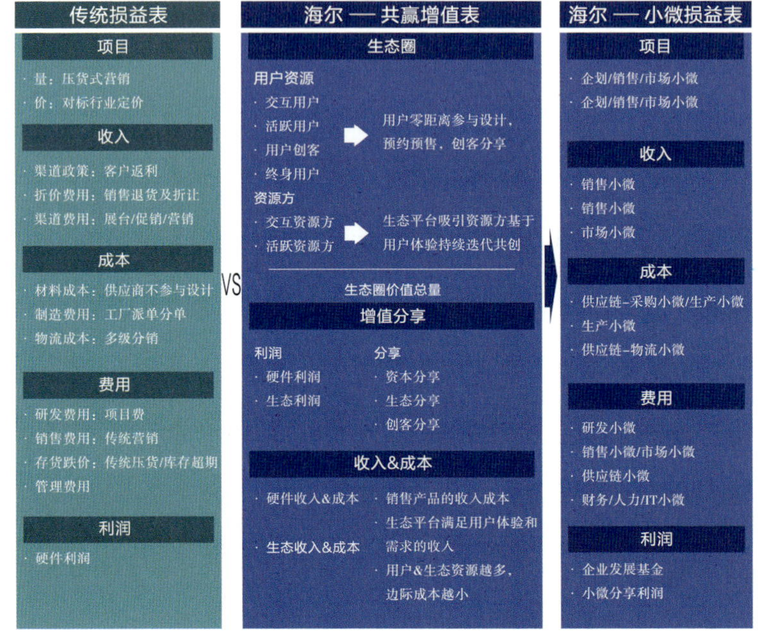

资料来源：《数字化加速度，工作方式、人力资源、财务的管理创新》，陈春花、徐少春等著 。

趋势十，经过调研发现，超过一半的财务人员期待新的财务管理模式，期待新的财务管理世界。如果进一步畅想，如果畅想新的财务管理世界，未来会是什么样子。在火星上面，诸位的一举一动，都会被机器人会计、无人会计记录，并且能被指挥中心的人员及时地获得。每一个企业很多小的业务单位都在前端，他们被自动地记录，价值呈现在后台，在中台有全息财务、共享财务、生态财务，最后每一个企业的CEO或者是智囊团就是战略的指挥中心。这一天应该为期不远。

超过一半的财务人员期待财务管理新模式

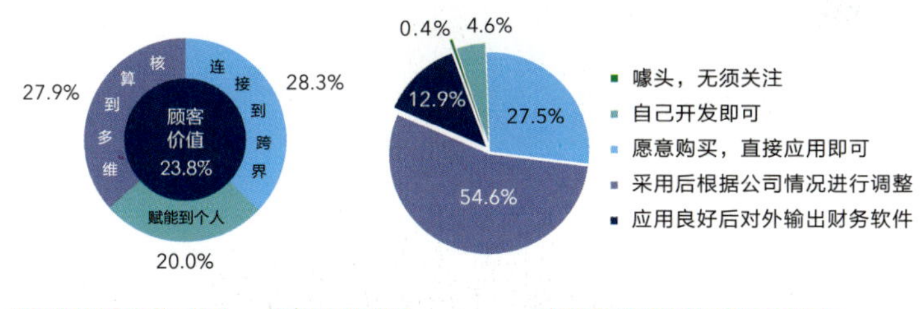

数字化时代财务管理核心——端到端价值传导　　对财务管理新模式的期待采用程度

资料来源：《数字化加速度，工作方式、人力资源、财务的管理创新》，陈春花、徐少春等著。

这不是一个总结，而仅仅是一个开始，很荣幸和上海国家会计学院刘勤院长的团队进行研究，我们希望进一步开展这方面的研究，对财务管理的新世界进行全新的展望。

新平台

凯文·凯利讲过一句话，大多数创新都是现有事务的重新组合。我们前面看到这么多巨变、这么多变化，但是无非是把现有行业、现有企业进行拆解，和新技术一起进行重构。他用了一个词Remixing，重混。我们这个行业今天为企业提供财务软件和平台。未来，一个个场景、一个个小微单元，可以变成一个个组件。把这些组件重新组装，原来是应收会计、销售会计、总账会计，按财务的科目形成的组件，经过重新拼装后，可以变成业务的场景，而不仅仅是财务本身。比如变成销售赋能的场景，这样可以做到人人是“财务”，人人都可以掌握财务信息，人人都可以依据财务信息进行创新。

金蝶云助力500强企业财务转型

金蝶提供了金蝶云·苍穹平台，这是完全自主可控的全新平台，解决了“卡脖子”的技术难题。

我们助力五百强企业进行财务转型，包括华为、万科、国家电投、北方工业等，以前有人问，国产软件能不能替代国外软件？我可以很自豪地讲，我们已经准备好了。

新思维

财务的本质是什么？财务发展变化很多，但是不变是什么？不变就是真，真实。孔子在19岁的时候当过仓库记录员，讲了会计“当”而已，“当”是更加得当、更加准确、更加及时地提供信息，财务的本质就是“真”。

但是，这个“真”与我们每一个人的心有关系，我们有怎样的心我们就可以看到怎样的事物。如果我们要建立“心的思维”，对待股东，忠诚、专业、勤勉；对待税务，不做假账、合法合规；对待监管部门，充分披露、阳光透明；对待管理者，业务伙伴、真心服务；对待董事会，值得托付、创造未来；对待员工，成就员工、赋能激活。

财务“心的思维”
心明眼亮　洞见未来

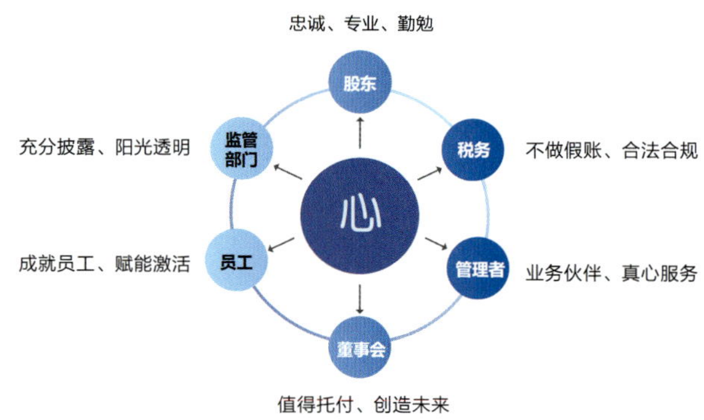

最后，四个字，掌握了这四个字将会拥有最大的财富，“心—道—德—事”。当我们研究财务管理世界或者做财务工作的时候，我们只在“事”上用功收效甚微，我们

要跳出“事”，在“德”上，更应该在“道”上用功。求一个“德”也许需要十年，求一个“道”可能终其一生，用什么捷径掌握到本质，就是在“心”上用功。通过明心、净心，可以心明眼亮，洞见未来。明心就是相信我们心中有无尽的宝藏，相信行为作用、反作用；净心就是要反省，要不断地自我进行批判。

四部曲

心是身之主宰
心体现在起心动念。起心动念决定了意识、语言、身行，
意识、语言、身行决定了事，所有的事汇集起来就是人生。

让我们一起共商、共建、共享财务管理新世界，深深地祝福大家！

扫码听一听

当我们犹豫不决的时候，问自己：我的人生使命是什么？不负时代，不负此生，不负所托，问着问着，你会发现心中有了答案。

NO.6 ｜ 数治企业，韧性成长

20世纪90年代的深圳，被进取、实干、包容的创业精神包围，一批又一批的年轻人在这里创造出一个又一个奇迹。

1991年，金蝶国际软件集团（以下简称金蝶）创始人徐少春于28岁走上这片创业热土，借来5000元买了一批电脑散件，组装了一台286电脑，创立了金蝶的前身——爱普电脑技术有限公司。爱普取自APT（会计处理器）的谐音，徐少春希望把“爱”普撒人间。然而，徐少春在回忆金蝶的历史时，都是从1993年算起，原因是当年有了外部的投资，才使得徐少春从一名个人创业者成为真正意义上的一家有限责任公司的创立者。

时至今日，金蝶距离三十而立不过一年有余。身处“数字化变革”的大时代，是机遇也是挑战，如何破除万难，向上一跃？徐少春和团队正在面临考验。

硬核“砸”

“砸”的是以往的心智模式。“砸”对客户是一种承诺，对同行是一种宣誓和引领，对内是告诉员工我们没有退路了。

徐少春是一个外柔内刚的人，当他出现在大众面前，脸上总是挂着从容淡定的笑容，殊不知，在他的内心，一团团火始终在奔腾。

徐少春凭借一腔初生牛犊不怕虎的热情，仅用8年时间，带领金蝶于2001年赴中国香港上市，是在境外资本市场上市的第一家国内软件公司。当时，赶上2000年互联网泡沫破灭，国际资本市场正经历一轮寒冬，纳斯达克指数半年内跌去4成，金蝶的上市并不容易。

2002年，金蝶发布了BOS（业务操作系统）平台。这是一个开放的集成与应用平台，合作伙伴可以在该平台上研制具有自己品牌的管理软件，平台也可为企业进行应用定制和个性化开发。它将自下而上的技术驱动与自上而下的应用驱动完美结合，不仅将开发效率提高了50%，同时使ERP具有非凡的随需应变能力。至此，中国第一间“自动化软件工厂”投入生产。

金蝶希望找到属于自己的蓝海，让业务保持高速增长。当时徐少春认为，中国软件产业之所以做不大，是因为没有形成完整的产业生态链。很多软件企业都在孤军奋战，本土企业需要带动产业生态链群发展。

但是，随着上市后拥有更多的资金和实力，想做的事情很多，产品线越拉越长，服务越来越复杂。导致离创业初心越来越远，离客户也越来越远。这是徐少春最怕看到的。

2012年，金蝶遭遇了“至暗时刻”。遇到了自成立以来的首次亏损，不断攀升的人力成本几乎把金蝶逼向了生死存亡的险地。

这一年，移动互联网正在中国如火如荼地展开。金蝶的重心还在ERP系统和传统咨询服务业上，徐少春坦言，“我觉得是时候调整方向了。我的想法是把公司变成一个轻公司，未来业务更多地集中于互联网、云计算等领域。”于是，金蝶拉开了公司史上最波澜壮阔的转型序幕。

“怎样继续把公司做得更好？”2012年徐少春始终思考这一问题。他想到了三个坚持：坚持信念、坚持信任、坚持行动。经过2012年到2013年两年的探索，金蝶团队团结在一起，于2014年开始加速转型。于是，当业界提到“徐少春”这三个字时，绕不开耳熟能详的一系列“砸”的硬核举动。

2014年5月4日，金蝶“砸”笔记本电脑，凭一部手机移动办公。在当年还没有企业微信和钉钉的情况下，金蝶开发出中国最早的企业移动办公软件“云之家”。

2014年8月8日，金蝶“砸”服务器，变革传统ERP，实现云端办公，安全又可靠，并于当天开始销售云服务。

2016年5月4日，金蝶“砸”办公室和隔断，颠覆组织边界，倡导移动端办公、居家办公，员工心与心自由连接，让公司文化更加开放。

2017年5月4日，金蝶“砸”掉并重新定义ERP，而ERP的提出者Gartner于2019年提出了ERP的进化者EBC（企业业务能力，Enterprise Business Capability）。

…………

2021年5月8日，金蝶“砸”掉企业被旧IT理念与平台“卡脖子”的“手”，提出让中国软件在全球崛起。

每次“砸”，很大程度上不仅是为了表示金蝶要彻底变革的决心，也“砸”醒了金蝶人的数字化意识：往云的方向走。“很多高管说不能‘砸’，因为这是我们的饭碗，我说不‘砸’也得‘砸’，‘砸’完觉得确实‘砸’对了。我们不仅要研发新的产品，还要激发金蝶转型的意识。”正如徐少春所言，“ERP的概念、名称、思想、理念已经发生了很大的改变，无法适应未来的需求，企业在快速改变，人也在快速变化。”过去五年金蝶的云收入保持50%以上的增加，2020年新冠肺炎疫情期间金蝶实现增长45%。

“砸”的是以往的心智模式。徐少春解释道，“本质上，我们在进行一次又一次的颠覆式创新。在我们这样的行业，创新是永恒的主旋律。‘砸’的是一个旧世界，建立的是一个新世界。我们很多新的技术都是‘砸’出来的，这已经形成了一种文化。我们将压力转化为动力，对客户是一种承诺，对同行是一种宣誓和引领，对内是告诉员工我们没有退路了。”

大破和大立都不容易实现，徐少春手里的“砸”既意味着颠覆，也意味着创造，更意味着金蝶人舍我其谁的精神和勇气。金蝶人充满了自我驱动的精神，奠定了金蝶文化的精神底色。一种久违的向阳新生的气场重新弥漫在这家公司。

数治企业，重构数字战斗力

数据就是一种战斗力，能激活企业隐藏的力量，提高运营效率，帮助企业做出更好的商业决策，更好地为客户创造价值。

每个企业都蕴藏着一种能量或者力量。通过数字化转型，把企业隐藏的或被低估的潜能激发出来，这就是一种数字战斗力。如何把数字战斗力激发出来呢？就要靠EBC（企业业务能力）。如果企业中的每一个场景都能实现数字化，将其变成一个个模块和组件，并且让这些组件变成一个基本的数字单元，可以跟类似的数字单元进行组合，如同搭积木，就会形成一个组合的数字战斗力。EBC就是一种组合的数字战斗力。

2022年年初，徐少春提出了“数治企业，韧性成长”的理念。用数字技术赋能产业，让企业更好地实现治理。如此一来，在新冠肺炎疫情期间，“数治化”将让更多企业变得更具韧性、更具张力，这是金蝶与徐少春的新征途。

“数治化”理念的背后需要有技术的强大支持，被徐少春寄予厚望的苍穹平台便担此重任。金蝶从2016年开始打造金蝶云·苍穹，取义自“不能胜寸心，安能胜苍穹”。其作为企业级的PaaS平台，已经成为EBC平台构建的超级数字化底座。已有超过400家大型企业，三万多家中型企业正在借助金蝶云·苍穹构建EBC平台，重构数字战斗力。

2019年，Gartner提出了EBC。随着研究的深入，2020年，Gartner发现EBC的重要特性——“可组装（Composable）”。Gartner认为，企业要在最新技术趋势和不确定性时代的挑战下韧性成长，“可组装”将是企业必不可少的特性，并提出了构成可组装EBC的更小颗粒PBC（可打包的业务能力，Packaged Business Capability），PBC被认为是软件开发能力的最小单元。这一理念与金蝶已倡导多年的企业级云原生和KDDM（动态领域模型）技术再次不谋而合，而KDDM正是由BOS平台衍化而来。

通过这种可组装的方式，金蝶帮助企业全面打造韧性与敏捷性，以对抗不确定性。它包含产品和服务的创新，柔性生产与强大稳定的供应链能力，打造数字化业务，甚至是进入新的行业等，帮助企业从数字化转型中获得颠覆性的价值和增长。

30多年前，经过深圳蛇口的人都知道这样一句话——“时间就是金钱，效率就是生命”。如今，徐少春对金蝶人说：“数据就是金钱，质量就是生命。”

每一个企业的数字化，每一个场景的数字化，已经不仅是一个工具或系统，而是将数字化的技术、业务、场景融合起来，变成一个个业务能力。

“在过去的一年里，各行各业都经历了巨大的调整，但实际上是在进行重构，要求高质量发展。所以我们要的是实实在在的实体和虚拟融合的经济，是要真正用数字技术赋能传统产业。最好的数字化其实是‘数治化’，用数字技术赋能产业来治理企业。”

“所以，数据就是一种战斗力，能够激活企业隐藏的力量。”徐少春将“数治化”解读为激活企业中数据的力量，以及释放企业更大的数字战斗力。

国产化替代，成绩背后是文化自信

国产化替代，这是未来中国软件最好的10年。作为一家领先的中国软件厂商，金蝶期望抓住机会，帮助更多的中国企业实现改变。

在激烈的市场竞争中持久地扛起一面引领旗帜，并为国产软件的崛起打下坚实基础，这既是一种荣耀，也是一种精神重负。

是直面市场竞争的冲突，还是另辟蹊径？徐少春坚信，国产软件有实力突出重围。

当新冠肺炎疫情突袭而至的时候，金蝶突然接到一项任务，将华海通信（原华为海洋）使用超过10年的国外系统替换为本土系统。华海通信和金蝶仅用68天上线基于工业互联网平台的全业务场景协同解决方案，覆盖华海通信的LTC、PTP、ITR、IPD四大核心业务流程，以及研发、销售、工程项目、生产制造、供应链、售后服务、财务、人力资源和办公管理等全业务场景，确保每一位员工在信息系统的链接下更高效地工作，保障了业务的连续性。

金蝶云·苍穹仅耗时98天，完成云南中烟12个领域全面替换国外某系统，实现核心业务、基础技术、卷烟供应、业务数据等的一体化集中管控，推动云南中烟高质量发展。同时，金蝶云·星瀚系统于2021年1月1日上线运行，成功完成了ERP软件的国产化替代。

“国产化替代，这是未来中国软件最好的10年。作为一家领先的中国软件厂商，金蝶期望抓住机会，帮助更多的中国企业实现改变。”在谈到国产化软件替代的问题时，徐少春的言谈中充满了兴奋和激动。

初步统计，从2020年到2021年金蝶完成了44家大型企业的国产化替代。在这个过程中，让徐少春欣慰的是，很多国内的大企业对包括金蝶在内的本土厂商越来越有信心，客户的信任在给国内厂商吃了一颗定心丸的同时，也激活其在研发上继续投入的动力。据了解，金蝶从2016年打造苍穹平台开始，每年都持续增加在技术、研发方面的投入。

近30年来，金蝶在行业内积累了丰富的经验，特别是积累了很多企业数字化的场景、最佳实践和模型，像KDDM，包括今天开放的KDesign（苍穹设计系统）系统方法论，都得益于自身技术的不断提高。

“‘卡脖子’、打压或者是实施制裁，当然给我们形成了很大的压力。但是，任何事情都可以转化，都可以化挑战为机遇。我们可以看到，中国企业在各个领域实现了国产化替代，实现了技术的赶超，甚至引领。在我们这个行业应该说正在由超越向引领转变。”徐少春说。

随着中华民族的伟大复兴，“国产”的自信心越来越强，中国产品在各个领域无论是硬件还是软件都会越来越好。“国产化替代看似是用一个国产的产品替代国外的产品，实质上是一个文化问题。当我们去购买产品的时候，我们的内心是否相信中国人能研发出世界上最好的产品，能提供最好的服务。”徐少春认为国产化替代的深层次思考是文化自信，“中国人勤奋且聪明，当我们拥有了文化自信的力量，将促使我们释放更大的效能。”

抓住了国产化替代的机会，金蝶的表现也随之超过了国外企业。IDC在2022年披露的最新报告《IDC中国半年度企业应用软件市场跟踪报告（2021年上半年）》显示，金蝶在大、中、小型企业SaaS ERM（企业资源管理云服务）市场占有率均获第一名，这也是金蝶云转型以来首次在大企业SaaS市场摘得桂冠。可见，凭借比肩国际厂商的产品能力，金蝶已成为中国大企业的优选。国际咨询公司的报告结果也佐证了上述观点。

未来3~5年，国产化替代给了中国企业继续赶超的机会，相信中国的产品有这个能力，但同时也带来沉甸甸的压力。因此，如何带领团队在激烈的竞争中从“心”上用功，是徐少春同步思考的事情。

企业家的“心—道—德—事”

修一个“德”，也许需要10年的时间，修一个“道”，也可能终其一生，捷径就是在我们的“心”上用功。

管理学大师彼得·德鲁克说，产生动乱时，最大的危险不是动乱本身，而是人们按照过去的逻辑行事。

EBC的应用是一场哲学的变革。徐少春时常提到这个公式：Capability（企业业务能力）=Mindset（思维模式）×Technology（数字化技术）×Practice（企业实践）。其中，每一个因素都是一个很重要的因子，特别是思维模式。

当机立断、活得通透，并不意味着企业家没有烦恼，恰恰企业家被烦恼包围几乎是理所应当的事。金蝶走过了有条不紊的转型期，但是，时代变迁、商业竞争的发令枪从来不会缺席，徐少春也在一次次的行业变革中沉淀自己。

面对“我们应该用怎样的心智模式构建美好的产业数字化愿景”这样的疑惑，“修一个‘德’，也许需要10年的时间，修一个‘道’，也可能终其一生，捷径就是在我们的‘心’上用功”，这是徐少春时常挂在嘴边的话。

如果说一系列硬核“砸”的举动彰显了徐少春的外刚，那么，近30年的创业历程，徐少春坚持的“心—道—德—事”四部曲，可谓是他内柔的印证。

徐少春这样解释：

事物方方面面的结果和状况都可以称之为“事”，行业内的数字化转型就是“事”。但是，如果只在“事”上用功，收效甚微。因此，要跳出“事”的维度，在“德”上用功。“德”就是一个人表现出来的仁爱、智慧、胸怀、能量。当一个人的语言、行为、意识时刻表现出一种品德，在“德”上用功，收效颇丰。那么，比“德”更有效的就是在“道”上用功。“道”就是心中的良知。在“道”上用功，意味着在每一个起心动念处用功，表现出来的就是一个人的境界和格局。修一个“德”，也许需要10年的时间，修一个“道”，也可能终其一生，有什么办法可以超越“德”和“道”呢？捷径就是在“心”上用功——明心和净心。

“每一个企业做事的过程其实都是用心的过程，看似在做事，其实在用心。如果每一个员工都知道真正地用心，这个事情自然就能成。只要我们内心深处念念为客户，我们就会做成这件事情。”徐少春认为。

这得益于明代思想家王阳明的一系列思想对徐少春的启发，其中有一句话对徐少春影响很大，这句话就是“立志而圣则圣矣，立志而贤则贤矣。”意思是立志是人生第一要义，志不立，天下无可成之事。“如果每时每刻，每一个动念，都是围绕客户、围绕他人，不断明心和净心，就能找到美好的企业愿景。”徐少春曾感慨道。

回顾金蝶近30年的创业历史，徐少春深深地感受到：一颗纯粹的心灵能够敏锐感知身边的变化，而一颗迷失的心灵则会错失近在眼前的机会。身为企业管理者，徐少春也意识到，管理者的能量因个人的心性产生差别，企业战略、企业文化、企业制度都是由团队的心性决定。

徐少春也一直将这些心得注入金蝶发起的中国管理模式研究院中（以下简称研究院）。依托“中国管理模式50人+论坛”这一管理学者与领军企业家的对话平台，研究院一直以观察、分析、研究和总结中国管理的时代洞察和创新实践，助力中国企业成长。

“金蝶的未来，从某种意义上来讲，也是承载着一种历史的使命，就是‘让中国管理模式在全球崛起’。”这样的愿景也让金蝶人有更大的使命感。

坚持一颗初心就可以走得很稳。金蝶的九字价值观是“致良知、走正道、行王道”。在徐少春看来，企业成长的过程，就是内心寻找光明的过程。不仅是企业，每个人的人生历程就是不断地让自己的内心世界变得更加光明的过程。当你爬到更高的山上，你的境界和格局更高，你的视野更广。心性提高了，境界和格局自然会提高。

当市场竞争正在进行时，以屹立不倒的姿态迎接将来时，总有一份“乐于正道”的精神力量在奋斗过的长空中划过。

“企业家精神就是我们那颗纯粹心灵的呈现，放下小我、成就大我，时时刻刻去掉我们的小我，一个大我就出来了；有了一个大我，你的公司、你的事业成功是必然的。”

——徐少春

第2章

数智问答

自徐少春个人号开通《数智问答》栏目以来，

收到很多企业界朋友的提问，

共形成了本章26篇《数智问答》内容。

每一篇都是我亲自回答，

虽不足以回答所有的疑问，

但我真诚希望这些想法或观点

可以给予您一些启发与参考。

NO.1

数字化转型期如何带动员工思维的转变?

问

—

我们是一家大型企业，在企业数字化转型中，越来越感受到企业文化和员工思维方式的转变对转型成败起到至关重要的作用。然而，在企业里始终有个别关键岗位被认为不需要改变，在其变革中会有阻挠和不配合。请问徐总，该如何应对这种转型的阵痛呢?

答

—

我赞同你的这个判断：企业文化和员工思维模式对转型成败起到至关重要的作用。本质上来讲，转型即转心，员工的心不转，企业数字化转型不可能成功！

为什么个别关键岗位不愿意改变？因为往往这些人是企业中的资深管理者，他们在企业中拥有了许多权力和既得利益。他们的日子过得很舒适，既害怕失去，也担心带来新的麻烦。本质上这是一种懦弱和保守，是“小我”的表现，是自身的境界和格局不够，仁爱、智慧、胸怀和能量不足。对待这类人，既要有菩萨心肠，也要有雷霆手段。帮助他们放下小我，成就“大我”，让其顺应变革，在挑战中成长。若仁至义尽，实在不行，让他们离开，使其在更艰难的现实社会中接收淬炼。

任正非常说，没有退路就是胜利之路，就是鼓励干部在转型中超越自我。我在2014年以来就不断“砸”东西，“砸”电脑、“砸”服务器、“砸”ERP等，目的只有一个，就是我们转型没有退路，只有背水一战、颠覆创新，才能破旧立新。

在转型中固然个别岗位会遇到阻挠和不配合，但是真正的阻力不在他们身上，是在变革领导者自己的心中。领导者更应该带头转心，明心、净心，放下“小我”，成就“大我”，以客户为中心，把员工放在心上，展现自己心中的大爱，仁者无敌，任何转型中的困难将不在话下，成功是必然的。

扫码听一听

NO.2 如何践行“科技向善”？

问

—

徐总，您好！我是一名科技公司的IT人员，相信您也关注到近几年“科技向善”这个理念常常出现在人们的视野，包括腾讯在内的互联网公司也都提出了“科技向善”的愿景，但这个理念在2C的企业研究和践行中被运用得较多，而金蝶是面向2B服务为主的企业，请问金蝶是如何践行“科技向善”的？

答

—

在科技日益发达的今天，科技既为我们带来了巨大的便利，也为我们带来了困扰甚至伤害。比如，一些不良游戏导致许多年轻人沉溺其中；一些电商平台利用大数据算法“杀熟”；一些直播平台传播低俗内容以谋取私利；一些互联网企业大量收集用户的个人数据，导致个人隐私泄密……如此种种，屡见不鲜。腾讯提出“科技向善”，我认为这是一种回归，是企业负责任的表现。

“科技向善”的理念虽然是互联网企业近年提出的，但其实在2B企业早有类似的理念，以华为公司为例：“以客户为中心、以奋斗者为本，长期坚持艰苦奋斗”就是“科技向善”，因为华为人相信在工作中坚守这样的理念就一定会真的对客户好，员工就会用技术造福世界。金蝶创业近30年一直坚守正道，坚持科技向善，特别是在2016年确立了“致良知、走正道、行王道”的核心价值观，2018年开始启动3.0战略，开设徐少春个人号，建立金蝶哲学，其实已经在“科技向善”的本质上下功夫了！

“科技向善”的本质是人心向善。科技创新掌握在人手里，而身之主宰便是心，因此，企业家既要重视科技创新，更要重视人心建设。只有自身心灵品质提升了，才能引导员工的心灵品质随之提升，企业才能形成“科技向善”的文化。

金蝶倡导员工学习阳明心学，学习中华圣贤文化，明心、净心，终身成长，奉行企业经营者对成长的渴望就是我们的奋斗目标，践行金蝶哲学，与客户和伙伴建立心与心的链接，一起推动新的商业文明进步。一分耕耘、一分收获，十分耕耘、十分收获，不仅“科技向善”，而且新的商业文明一定会在金蝶、在我们行业落地生根、开花结果！

扫码听一听

NO.3 初创企业如何贯彻数字化思维？

问

—

徐总您好！我们是一家初创型公司，公司正处于飞速发展的阶段，本人之前在其他公司做管理的时候，亲历了公司的数字化转型过程，切身感受到了企业转型的阵痛，所以我想在公司的创始初期，就用数字化的思维规划管理，请问我要怎么将这种思维贯彻到全公司？

答

—

非常理解您对数字化转型阵痛的感受。在互联网等新技术如此发达的今天，如果不能充分利用这些新技术进行经营和管理，特别是如果没有正确的数字化思维，企业就很难做到数字化生存和发展。

金蝶通过自身和服务680万名客户的数字化转型实践，总结了一个数字化转型金字塔模型，如图1所示。

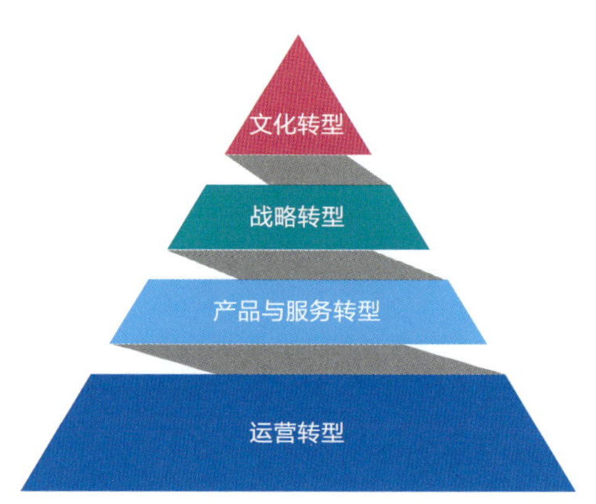

图1　数字化转型金字塔模型

每一个企业的数字化转型都会经历四个层次。最底层是运营管理转型，这一层次要解决的问题是如何提升全面用户体验；再往上一层就是产品与服务转型，这一层次要解决的问题是如何提升产品与服务的品质；再往上一层就是战略转型，这一层次要解决的问题是如何设计好盈利模式；最上一层就是文化转型，这一层次要解决的问题是数字化转型思维。这四个层次由低到高，每一个层次创造和释放的价值越大。

因此，可以依照上述金字塔模型，首先从运营管理的数字化开始，然后稳步推进产品与服务的数字化，条件成熟时再用数字化手段优化战略与文化转型的设计。

但是，在企业数字化转型中，文化转型最重要，也就是全公司上下确立正确的数字化思维最重要。如何将全新的数字化思维贯彻到全公司？鉴于你们是一个初创公司，给您的建议是：

第一条，放下手机，静思几天，想清楚两个问题：设立企业的目的是什么？人活着的意义是什么？

第二条，与全体员工共同建立一套数字化指导准则，即《数字化转型哲学手册》。

第三条，使用数字化手段亲自处理客户遇到的每一个问题。

扫码听一听

NO.4 数字化时代物业企业应如何生存发展？

问

—

徐总好！我们是一家河北的物业企业，刚加入云服务系统。受疫情影响，物业行业门槛过低，物业企业竞争格外激烈，再加上物业行业上市风口的盛行，兼并重组由南到北开始推进，我们感觉中小物业企业越来越会受到冲击。为了应对，我们选择了云管理系统，从管理转型基础抓起，保证管理方式不落后，实现管理方式的高效协同。

答

—

首先感谢您对金蝶的信任！您从运营管理数字化转型开始切入完全正确。我留意到，在近几年的并购案例中，一些物业企业规模上去了，但服务品质没有跟上，并没有得到客户与业主的真心认可，甚至与业主和客户之间还会发生矛盾。当前物业市场的竞争格局与兼并浪潮，表面上看是规模上的竞争，其实本质还是服务品质的竞争。

如何提升服务品质？针对企业数字化转型的四个层面，与您分享金蝶云客户北京晟邦物业（以下简称晟邦）的案例。在运营转型方面，晟邦全面应用客服、品质、车场、智能巡更、设备管理、财务人力系统等数字化管理手段，并通过移动抢单考核模式提高员工的积极性与主动性，从而极大限度地提高了管理品质和管理效率。在产品与服务方面，晟邦积极丰富和开展社区活动，改造业主活动中心，发展业主志愿者，成立四个业主俱乐部，打造“老有所乐，少有所学，中青有为”的社区文化氛围，业主的满意度大幅提升，连续三年物业费收缴率100%。在战略与商业模式方面，在日趋完善的物业管理传统服务基础上，晟邦通过不断挖掘和拓展客户需求，构建“小邦管家”线上线下客户增值服务体系，提供业主特色餐厅、业主俱乐部、婚庆服务、线上社区团直购等多种经营服务，增值服务收入已占30%。在文化方面，晟邦专门设立了文化总监，围绕“服务始于心，见于细节”的服务观，通过培训学习、标杆分享表彰、考核体系，将社区的服务观、服务文化植入员工内心。“以客户为中心”不是一句口号，而是每一个员工发自内心的认同与践行，这才是数字化转型思维的本质。晟邦持续坚守这一本质，大幅提升了客户满意度和忠诚度，所有项目的服务满意度平均超过97.5%，其中最有代表性的项目——北京林肯公园社区，被评为五星级社区示范小区、全国物业示范社区。

王阳明先生在《传习录》之中说：“所以谓之圣，只论‘精一’，不论多寡。只要此心纯乎天理处同，便同谓之圣。若是力量气魄，如何尽同得？后儒只在分两上较量，所以流入功利。若除去了比较分两的心，各人尽着自己力量精神，只在此心纯天理上用功，即人人自有，个个圆成，便能大以成大，小以成小，不假外慕，无不具足。”企业不在于大小，不在于权衡利弊，而在于坚持做正确的事，在心上用功，结果自然而来。与其忧心是否被收购，不如践行为客户创造美好的体验！

数字化技术是手段，“以客户为中心”的企业文化与服务实践才是根本的经营之道！相信只要企业每个员工对客户的服务都能“从心出发”，把爱和阳光带给每个客户，您的企业就能蒸蒸日上，赢得客户甚至竞争对手的尊重！

扫码听一听

NO.5 餐饮行业的数字化转型应如何推进？

问

—

徐总好！我们是一家餐饮集团企业，我是董事长，这些年一直在向“餐饮（央厨/集采集配）+标准食品加工厂”的业务模式转型。但在转型过程中，我们的团队在管理、运营及信息化系统建设等方面遇到了很多困难和挑战。我们的团队不知道企业是否能够转型成功，金蝶能够给予我们一些建议和意见么？

答

—

我非常理解您在转型过程中遇到的困难和挑战，任何企业的转型都是一个不断探索和成长的过程，也是一个您及团队内心不断战胜困难、寻找光明的过程。我给您的转型建议有三点。

第一，要坚定决心。

企业数字化转型是一把手工程。一把手没有坚定决心，团队很难开展工作。“志不立，天下无可成之事”，面对转型的挑战，一把手必须立大志。立大志不是达成一个什么目标，而是要扪心自问您要成为一个什么样的人？“立志而圣则圣矣，立志而贤则贤矣”，任何变革事业如果不能有益于他人成长，任何诱人的目标都是持续不了多久的。因此，您要放下“小我”，成就“大我”，成为成就客户的引路人，成为成就团队的定海神针。

第二，要树立信心。

在转型过程中，要充分学习标杆企业转型的最佳实践，开拓视野、增强信心。兰州海鸿餐饮集团的数字化转型是行业内的一个标杆，他们建设了一套包括移动自助点餐、客群精准化识别、电子会员、在线预订、销售预测模型指导后端备货、全自动化分拣等内容的数字化转型平台。通过这个平台兰州海鸿增强了对消费者的了解，老客户复购率整体提升30%，同时有效提高后端产品供给精准度，供应链变得更有计划性，仓库备货库存大幅降低50%，全公司实现熟食零库存，食材也确保24小时上桌，产品更新鲜可口，消费者自然喜欢。另外，对于团队每一次取得的进步与成长，都要给予肯定与鼓励，久而久之，信心自然增强。

第三，要回归初心。

餐饮企业是为消费者提供“吃”的服务，自古以来所谓“民以食为天”。因此，餐饮企业的转型一定要真正把消费者的“吃”作为“天大的事”对待。要遵循天理良知，不仅要确保消费者吃得安全，还要吃得健康、吃得营养、吃得愉悦、吃得放心与舒心，与消费者建立心与心的连接，成为消费者值得托付的企业。

希望以上建议对您和您的团队有所启发和帮助，谢谢！

扫码听一听

NO.6 制造企业如何推动数字化转型才能尽快见效？

问

—

徐总您好！我是湖南当地一家中等规模的制造企业董事长，最近参加了岳麓峰会圆桌论坛，徐总作为主持人，与圆桌论坛的各位制造业“大咖”展开了精彩的互动。我想请问徐总，我们普通的制造企业如何像这些“制造湘军”中的佼佼者一样，让数字化转型快速见效？

答

—

数字化转型虽然并非一蹴而就的事，但是要做到快速见效仍然是有道可循。

总结“制造湘军”的成功之道，我认为要打好四个关键战役：一是从运营数字化转型开始，夯实基础，优化运营，打好“阵地战”。5G、人工智能、云计算、大数据等新一代信息技术已经贯穿中车株机运营的各个场景，中车株机已经从研发、生产制造、供应链到装备进行全生命周期的维保，实现了数字化运营，产品研发周期缩短35%，关键部件生产效率提升31%。借助数字化转型，在与西门子、阿尔斯通、庞巴迪等这些全球行业巨头的市场竞争中，中车株机的交付周期可以缩短到竞争对手的一半，而产品价格更低。

二是通过产品与服务数字化转型打好“翻身战”。“不翻身，就翻船！”三一重工的产品与服务在工程机械行业就打了一场漂亮的“翻身战”，在工程机械行业成为全球第二。岳麓峰会期间我实地考察三一重工，这里连接了全球

50万台工程机械设备，通过海量采集工程机械设备开工率等运行参数，挖掘机指数成为全国各地经济的晴雨表；三一长沙产业园区十八号工厂已经实现超级自动化，在柔性产线、数据集控、数据孪生等新生产方式下，每45分钟就可以生产一部泵车。从三一重工的产品与服务数字化转型，我发现要打赢产品与服务的“翻身战”，解决制造业中的“卡脖子”问题，唯一的出路是通过数字化和智能化提升数字战斗力、数字化产品与服务竞争力。

三是通过战略与商业模式转型，顺“数”而为、乘势而上，打好“攻坚战”。中车株机在数字化运营基础上，打造出轨道交通产业多种独特的业务模式，在全球市场不断攻城略地：在马来西亚，以服务创新模式，建成中国首家海外轨道交通“4S”店，已经运营10多年；在墨西哥，以“产品＋技术＋服务＋资本”的模式，收获19亿元的订单，全面负责墨西哥城一号线的老车改造、地面系统、维保和线路；在南非，通过“产品＋技术＋服务”的模式与本地化的轨交企业合作；2020年，中车株机以“产品＋技术”的方式，收购国际铁路巨头、铁路基础建设世界十强之一的Vossloh机车业务，以技术换市场，成功构建欧洲市场的桥头堡。

四是通过文化转型、思维转型，打好“持久战”。数字化转型自始至终要有一颗坚定的决心，准确把握住数字化转型的本质，在关键时刻敢于担当。三一重工总裁向文波介绍梁稳根董事长亲自抓转型的工作，他讲三一重工要做时间的朋友，每一天、每一个小时都在推动三一重工数字化、智能化转型。三一重工将员工视为最重要的资产，重视员工每一天的价值和贡献，在人力资源精细化管理的基础上实现了员工日薪制方案，可以做到日薪日结日发，让每一个人都成为时间的朋友。三一重工的危机感和担当还体现在梁稳根董事长把“危”留给自己，把“机”留给他人的利他精神和社会责任感。2010年8月，智利圣何塞矿难，三一重工提供的SCC4000型履带起重机被智利政府选中参与“地心营救”；2011年3月，在日本福岛核电站面临核泄漏的关键时刻，日本急需寻找先进的泵车参与救灾，三一重工立即无偿提供一台造价100万美元的混凝土泵车及相关器材。

以上案例希望能够带给您启发。要打好数字化转型的

“阵地战”“翻身战”“攻坚战”，关键还要持续打好企业文化转型的“持久战”。一把手只有突破了自己的成长瓶颈，明心、净心，依道而行，才能赢得数字化转型的真正成功！

扫码听一听

NO.7 传统行业如何构建数字化转型人才队伍？

问

—

徐总，您好！我有一家年收入10亿元左右的建材企业。在新冠肺炎疫情期间，我深深感受到了数字化转型的重要性，并构想了在细分行业通过产业互联网拓展新的业务模式的转型战略。但是很快发现作为传统行业，我们缺少合适的数字化业务创新及管理人才，外聘的人才要融入进来也需要时间，为此我们需要构建适应未来数字化转型需求的人才队伍体系。金蝶在这一方面是我们学习的标杆，请问徐总对我们有什么建议？

答

—

您提出了一个很好的问题！这是很多企业在数字化转型时普遍要面对的一个关键问题。

要建设数字化人才队伍，一是企业一把手要“转心”，就是企业领导者要突破自己的思维瓶颈。当我们对企业数字化转型无从下手，很多时候是因为自己内心的能量和智慧不足，心上有遮蔽和瓶颈，就是不知道自己不知道。作为建材企业一把手，其实您可以通过明心净心、反求诸己来确立自己新的人生使命。建议您放下手机，静思一到三天，期间不断地追问自己新的人生使命是什么？建立企业的目的是什么？生命的意义是什么？只有这样，心中的“大我”才能出来，人生才能立足高远。企业数字化转型本质上是变革自己，只有突破自己的思维瓶颈，数字化转型才能找到终极目标。

二是要选择志同道合的转型负责人。首先，从内部开始选拔，以及从外部物色合适人选；其次，找到负责人后，就在公司内部发动一场数字化转型的文化变革，确立新的企业文化和哲学；最后，通过文化变革改变全员的思维。当然，文化转型是一个循序渐进的过程，需要不断地总结、改善和提升。以金蝶转型为例，金蝶的商业模式从一次性的软件销售模式，转型为长期的云服务订阅模式，金蝶与客户的关系“从一张纸变成一本书”，相对应的，金蝶就需要建立“以客户为中心”的企业文化来引领数字化转型。在这个过程中，金蝶通过不断创新和探索，不断反思和总结，形成了以“金蝶哲学”为总纲的一整套文化体系和执行守则，为金蝶数字化转型的成功打下了坚实基础。

三是要确立数字化转型的人才战略。其实就是在使命哲学的引领护航下，如何培养和建设人才队伍。金蝶依据“金蝶哲学”提出“哲学第一，能力第二”的人才培养理念，通过包括建立金蝶数字大学等关键举措，建立了年轻化、职级化、专业化和梯队化的数字化转型人才培养体系，为数字化转型保驾护航。

四是持续建设数字化转型人才队伍，具体落实数字化转型人才战略。通过数字化手段，我们可以快速地将具体的人才战略进行落地。例如，万科在数字化转型“沃土计划”中提出“职业经理人已死、事业合伙人时代诞生”及员工移动门户等重新建立员工、信息、技术之间的关系，在企业内部逐渐建立了一支近千人的数字化转型核心团队。

人们常说“知难行易”，企业家如果心上不通透，心上没有收获到真正的力量，那么数字化转型则如无舵之舟、无衔之马，终究会因没有找到本质而迷失方向。因此，要建设数字化人才队伍，重中之重就是企业一把手要“转心”！

扫码听一听

NO.8 大企业多轮信息化后如何整合能力？

问

—

徐总，您好！大型企业普遍存在许多遗留系统，并经过多轮信息化建设，请问如何整合企业数字化能力，更好地实现企业数字化转型？

答

—

您提出了一个非常好的问题！这是很多大企业在多轮信息化建设后必须要面对的一个问题。我有以下几点建议供您参考。

首先，从技术层面来看，企业数字化建设的目的是用数字化手段支持管理和业务运营的标准化、体系化、流程化和数字化。但是在传统技术架构下经过多轮建设，企业内部就会出现各种信息化孤岛，也无法适应数字化时代的高频迭代需求。这个问题会阻碍IT对业务持续创新的支撑，需要考虑采用一个全新的、统一的、企业级架构的平台来解决。很多大企业已逐步采用新一代企业级PaaS平台，作为未来五到十年甚至更长周期的统一数字化技术平台。新一代企业级PaaS平台具备云计算、大数据、人工智能、物联网等数字化新技术特性，以低代码特性和领域驱动设计（DDD）支撑企业敏捷开发，满足快速迭代的业务需求，也能够实现中台化思想下“业务+数据”的双中台建设，进而不断提升企业的业务能力，将企业数字化转型的战略目标落地。

其次，从方法论层面看，上述问题除了是传统架构之殇，也是由企业没有统一、完善的IT治理体系所致。企业IT需要不断地传承与迭代，不断从“现有”走向“未来”，这就需要有建设、治理和实践的方法论支撑。建议可以采用Gartner速度分层模型，识别业务中的敏态和稳态系统，决定哪些保留，哪些重构，哪些引入新系统，让企业IT在实践治理中不断发展和完善。以某超大型企业H为例，在面临进入美国实体名单后的IT安全与企业数字化转型双重压力下，一方面，其积极拥抱自主可控信创工程，确定了以新一代企业级云原生架构PaaS平台逐步替换国外厂商为主的传统架构IT平台的目标；另一方面，制订了从“双模IT”到“统一IT”的升级策略，最终实现企业IT系统全面从单体架构到服务化、云化架构升级，以及高安全可控性和友好用户体验。

再次，从思维模式层面看，我们要认识到，数字化转型不仅是一种技术变革，更是一场认知与思维革命，是涉及企业文化、战略与模式、产品与服务、运营等各个层面的一系列系统性变革与创新。这种变革和创新的思维需要企业在思维层面、哲学层面的突破。这是企业数字化转型领导者的使命之一。

最后，从转型本质层面看，数字化转型其实就是企业一把手与团队重新出发的过程。这是一个挑战，也是一个机遇，企业一把手需要重新思考自己的使命，并带领团队回归初心再出发。转型过程遇到的挑战只是表象，一把手和团队内心的遮蔽才是根源。转型即转心，只有重新回归客户价值的企业初心，以此驱动企业内部的变革和创新，一切转型才真正具备可持续的动力。这样才能真正实现企业数字化转型的目标，提升企业的数字化战斗力，重塑企业在新经济时代的核心竞争力。

扫码听一听

NO.9 一封行业公开信背后的初心是什么？

问

—

徐总，我关注到金蝶发出的致国内外同行的一封信，信中金蝶呼吁国内外软件同行更加开放，一起共建生态，想请问这个举动背后的原因是什么？

答

—

您好，首先感谢您对金蝶的关注！在刚过去不久的金蝶云·苍穹峰会上，我们向全体国内外同行发出了这封公开信，目的是呼吁全体企业软件厂商一起共商、共建、共享一个全新的产业生态，而其背后的原因，我们有几个方面的考虑：从宏观的角度来看，互联网或者数字经济，其本质就是开放共享。越开放越能共享，越能共享就越能创造价值。陈春花教授有一句话，连接比占有更重要。最近这几年，金蝶往云的方向转型，商业模式进一步开放，客户和投资者对此是认可的，也更加坚定了我们继续开放的信心。当前是我们准备全面和彻底开放的元年。从行业发展来看，我们已经构建了一个完整的自主创新的技术栈。特别是PaaS、SaaS这个层面已经不依赖任何国外的商业技术，或者说已经没有“卡脖子”的技术难题了。在高端市场上，金蝶已经完全具备与国外软件正面竞争的能力，但是我们更希望分享这种技术能力，为行业的共同发展做出我们更多的贡献！从企业数字化转型需求来看，随着企业的数字化转型进入深水区，更多的用户参与进来，他们迫切需要数字化开发能力。有人说，未来低代码平台是企业里每一个员工应该具备的技能，就像现在人们用Excel一样，未来每个人都应具备这种技能。我们也希望通过苍穹的KDDM（动态领域模型），让更多的行业客户、行业软件公司和我们一起来沉淀业务能力。只有实现业务能力市场化，才能更好地服务中国的企业数字化。从差异化的角度来看，金蝶的开放与生态是产业互联网性质的，与消费互联网有本质的差别。消费互联网的生态是一种依赖关系，如电商需要高度依赖于电商平台生存，而产业互联网是一种共生关系。未来的企业不会受制于某一个云服务提供商，而必然是多云布局，从企业自身角度出发博采众长，构建自身的数字化能力与产业生态。因此可以说，未来的企业都是软件公司，特别是大企业。金蝶想要做的，就是软件公司背后的软件公司，所以我们更加愿意与其他厂商开放合作、协同共生。从金蝶的初心来看，作为一个本土的企业软件厂商，金蝶奋斗了近30年。梦想始终不改，我们的梦想就是让中国管理软件在全球崛起。中国的强大不仅靠电脑、手机、高铁这些有形的产品，还要向高质量发展，每一个企业必须要提供高品质的产品和服务。要怎么做到？还要靠管理，要靠管理软件和管理模式。所以像金蝶这样的厂商，包括我们的友商，一直坚持在软件行业深耕到今天，并且继续怀着这个梦想前行，真正投入我们中华民族伟大复兴的建设中来，这是非常有意义的。

很感谢各位一直以来对金蝶的支持，希望你们继续支持中国软件行业，我们大家一起共同努力，让我们国家的软实力、管理软件、文化能够真正地崛起！

扫码听一听

NO.10 智能财务将带来什么变化？

问

—

徐总，您好！我是一家企业的财务总监，面对数字化技术对财务影响日益扩大，想问一下您，从金蝶的理解来看，什么是智能财务，有哪些应用场景？作为一个财务总监，如何应对智能财务带来的变化？

答

—

谢谢您的提问，先回答第一个问题：什么是智能财务，有哪些应用场景？智能财务是指用云计算、大数据、人工智能等数字技术赋能财务，让财务能更加真实、透明地反映企业的业务活动，更实时、有效地控制风险，通过财务大数据创新引领业务价值，使客户、财务和业务团队共生发展，为世界创造美好生活。

智能财务正在融入财务活动的方方面面，以财务的三类场景为例说明如下。

第一，会计核算场景。

通过事件驱动和智能会计引擎，财务人员将企业每一次的业务活动纳入事件库，自动触发财务控制，完成智能对账、智能记账等事务处理，并积累业务事件和会计事件库，相对传统按单核算和控制，大幅并不断加速提升效率。

第二，业财融合场景。

销售报价赋能：通过自动交互技术和算法模型，为销售人员自动提供订单、项目、品牌、客户等不同维度的毛利评估数据，帮助销售进行精确报价、精准谈判、明智决策。

采购付款控制：通过舆情分析、知识图谱等技术，为财务人员在审核采购付款时，实时识别供应商的信用情况和舞弊风险，大幅降低资金支付风险。

第三，价值创造场景。

客户价值分析：基于RFM模型，洞察客户交易金额和交易活跃度，识别高价值客户或流失客户等，预测客户购买意向和购买力，帮助管理层制定精准的营销策略，创新服务方式。

资金预测：通过融资组合成本算法、风险系数测算和智能付款排程等技术，为企业在进行新品研发、扩大产能等重大决策时提供智能资金预测支持。

供应链金融：通过区块链技术将企业和生态伙伴间的合同和票据转换为不可篡改的数据链，并结合金融机构的信用评估模型和标准，自动出具融资单位的征信报告，帮助企业的生态伙伴基于合法交易获得秒批的融资服务。

归纳起来，传统财务和智能财务的主要区别如表1所示。

表1　传统财务和智能财务的主要区别

活动场景	传统财务	智能财务
会计核算	按单核算和控制，工作重复，以人工处理为主	事件驱动，实时控制，规则可积累，重复性工作自动化
业财融合	业务和财务协同难度大，财务不能赋能业务	财务融合到业务活动的每一个环节中，有效赋能业务
价值创造	经验决策，风险难以控制，难以创造共生价值	数据驱动，事前算赢，实现企业价值共生

近几年，中国企业已经在积极探索智能财务的实践应用，并取得了突出的成绩。例如，万科集团在财务共享服务中心引入RPA财务机器人、OCR图像识别、电子档案、信用管理等技术，50%的业务单据智能审核，实现减员增效；蒙牛集团的全球司库管理，99%的收付业务智能处理，实现资金智能管理；德邦快递通过业财一体化的系统平台，近90%的业务单据智能记账，60秒生成报表，满足管理者对于报表

时效的高要求。

然后，回答第二个问题：作为一个财务总监，如何应对智能财务带来的变化？

会计学泰斗杨纪琬先生在1999年对会计学的发展做出了预言："在IT环境下，会计学作为一门独立的学科将逐步向边缘学科转化。"牛津经济研究所2019年发布的报告指出，2029年以前，会计师和财务师被财务机器人取代的可能性高达95.9%。作为一名财务总监，我们将如何应对智能财务带来的变化呢？

我认为，智能财务的本质依然是对企业经营活动场景的真实反映和监督，帮助企业董事会、管理者和员工创造价值，帮助企业外部的相关者准确、真实地掌握企业的经营情况。

面对智能财务带来的巨大变化，财务总监作为企业最后的一道防线，唯有心明眼亮，才能洞见未来，于万变中把握财务不变的本质，继而才能用新的思维模式拥抱智能财务的变化，并做出如下应对。

一是持续明心、净心，不断提升自己的境界和格局，彻底改变传统财务的思维模式。

二是改变传统金字塔式的财务组织和人才结构，打造五边形财务数字化团队（链接客户、链接伙伴、链接业务、链接员工、链接数据），培育“智能+财务”的复合型人才。

三是做好智能财务转型规划。

四是积极建设智能财务平台，以智能化应用为基础，以业务和财务融合的场景为突破，以价值创造为目标，逐步让智能化融入每一项业务活动场景中。

扫码听一听

NO.11 低代码/无代码是否意味着IT人员要失业？

问

—

徐总，您好！我是一名大型企业的IT负责人，参加了金蝶云·苍穹峰会后，了解到金蝶发布的低代码平台金蝶云·苍穹 PaaS 平台V4.0，是否意味着未来大量企业自有IT人员要面临失业？应用开发者如何应对这种变化？

答

—

这个问题可能代表了当下很多企业IT从业人员，甚至软件行业程序员的疑问。我认为低代码/无代码平台的出现，不仅不会让IT人员失业，反而会增大全行业对IT人员的需求。放眼未来，每一家企业都在变成软件公司，对IT从业人员的需求不仅不会降低，反而会越来越大。在数字化时代，ABCD + 5G等新兴数字化技术不断渗透到各个行业。数字化的基础就是软件，未来是软件定义一切的时代。据统计，全行业数字化渗透率不到30%，这里有巨大的空间。据Gartner推测，2021年市场对于App及应用的开发需求是所有IT公司开发能力总和的五倍。企业数字化转型需求迫切，业务需求早已远远超过IT的开发能力，我们反而要担心IT从业人员的供给不足。回顾过往，每一代开发工具的出现，都极大降低了开发的门槛，从而扩大了IT从业人员的规模。像金蝶这样的专业软件企业供应商，通过融合多种新技术，为其他众多的应用软件厂商及企业内部的IT团队提供工具化、平台化、标准化的低代码/无代码平台。与过去微软提供的开发工具一样，这也是软件开发历史上的必然产物，它可以让应用级的软件开发更简单，使人们可以结合自身行业、企业的特点，进行业务场景化的IT创新。立足现在，以金蝶云·苍穹PaaS平台V4.0为代表的低代码平台，正在极大地赋能企业应用开发人员。通过其核心技术动态领域模型（KDDM），企业可以对业务和场景进行高度抽象与建模，实现能力的最大复用，快速构建应用，大幅降低开发时间和资源，实现IT的敏捷迭代。从这个趋势看，企业IT将在企业数字化转型中越来越重要。因此，面对低代码/无代码平台的出现，应用开发者可以如此应对：首先是提升认知和思维，拥抱新事物。低代码/无代码平台的出现，是开发工具的发展和演进，并没有改变企业应用软件研发的本质。企业应用软件开发的本质是对企业经营管理的数字化重构，进而取得商业上的成功。我们要认识到这个本质，并充分利用这样的平台进行IT创新，推动商业成功。其次是做好能力与知识的准备。通过低代码/无代码平台，应用开发者不必花大量的时间去学习和掌握复杂的技术，可以将更多时间专注于对企业业务的理解，以及提升软件架构与设计的能力。企业最需要的是一些既懂业务又懂IT的复合型与创新型人才。因为他们能促进IT与业务更好融合，极大降低沟通的成本，推进项目的成功。

30年前，金蝶用财务软件让财务人员甩掉算盘，而今，金蝶立志要让中国管理软件在全球崛起，用金蝶云·苍穹PaaS平台，打造平台+生态的开发者生态社群，使企业和软件开发者获利。

扫码听一听

NO.12 “智慧税务”趋势下，企业税务人员如何应变？

问

—

徐总，您好！我是一名中型企业的税务总监，近年来政府提出了“智慧税务”的建设目标，请问企业应该如何顺应趋势，提升企业财税管理的效能？税务工作者又该如何应对？

答

—

谢谢您的提问！首先，我们相信未来每一家企业在税务等政府监管机构面前都是透明的。从政府颁布的《关于进一步深化征管改革的意见》（以下简称《意见》）等政策文件看，随着“金税四期”税务数字化项目的建设完成，税务机关既会面向企业提供大量“更加开放便捷、更加个性化”的纳税便利措施，也会提升大数据分析和精准打击各类违法违规行为的能力。政府监管环境的变化也为提升内部财税管理效能提供了很好的契机。

一方面，外部税收征管措施的便利化将更加有效推动内部财务流程变革。比如，《意见》中首次提到以服务纳税人缴费人为中心、明显降低征纳成本，着重提及了电子发票、电子税务局、简并报税等重大举措，并推动自动提取数据、自动计算税额、自动预填申报等电子申报方式，这些措施有利于消除企业原有财税流程中的断点和信息孤岛，推动和促进业务价值链和业务流程的重构。金蝶的客户实践表明，有效利用发票与申报数据对接，可以帮助企业实现自动填单、智能审单、一键报税等流程革新，传统费报和纳税申报工作提效60%以上，有助于企业搭建智能财税解决方案，快速提升内部管理效率。

另一方面，推动业财税一体化融合，也有助于企业经营。不少企业习惯通过手工统计表来完成日常税务管理工作，导致“虚开发票”“税会差异”等税务风险长期潜伏在企业财务管理当中。为有效防范税务风险，一些大型企业集团如新奥、周大福等，创先推动财税风控措施与业务、财务流程融合，并设立了几十项事前防范、事中预警和事后检查指标，全面提升了集团对各类涉税数据的分析监控能力，各类税务风险应对事件下降40%，为企业健康经营保驾护航。

随着ABCD + IoT等信息技术在财税领域的深度应用，传统的、重复性的日常会计核算、税务申报工作将会逐渐被信息系统所取代。面对技术的不断迭代，财税工作者应该如何成长，才不会被时代抛弃？我有认为有三个关键点。

一是忠诚：忠于职守！时时问自己，作为人何为正确？要诚于己，不自欺，依良知而行，做正确的事。同时，不断精进自己的专业知识，提升境界与格局，成为一名德才兼备的复合型人才，忠诚于国家、企业和自己的内心。

二是干净：守住底线！以守法、严谨和专业的态度对待税收政策的模糊地带，建立一套严谨的税务数智化风控体系，防范高风险的税务事项，让企业行稳致远。

三是担当：坚持明心、净心，让内心充满阳光，让阳光照进企业的每一个角落！帮助企业实现阳光经营，是税务工作者义不容辞的责任。

扫码听一听

NO.13 小微企业融资难怎么破？

问

—

徐总，您好！我是一个小微企业主，广东地区因新冠肺炎疫情影响，客户回款周期拉长，账上现金紧张。我在开始做生意时，房子已经抵押给了银行，现在想再从银行获取贷款就比较困难，请问徐总是否能给我一些建议？

答

—

小微企业融资难是一个世界级的难题，不仅仅是在中国。这个问题的关键是小微企业如何建立自己的信用。中国走在数字化转型前列的银行已经基于大数据、AI等技术构建了数字化信用评估体系，不单依赖于抵押物，而是基于企业数据来发放企业信用贷款，我们称之为数字化信贷。

我们发现，满足数字化信贷条件的企业，大多有以下特征。

一是股权结构稳定，合法合规经营，无行政处罚、失信、司法冻结等异常记录。

二是纳税信用等级较高，纳税额、开票量、下游客群等数据稳定向好。

三是财务记账操作规范，账务明晰且数据完整连续。

四是聚焦主业，精耕细作，不盲目多元化投资，不关联交易，不对外互保。

中国社会正在经历数字信用变革，从抵押文化到信用文化，这是一个巨大的转变，而新冠肺炎疫情使这场变革更加全业态、全链条。中国的小微企业不缺乏信用，也不难找到发现信用的技术，问题的关键是如何利用科技手段累积信用，而这个问题的本质是小微企业业主要合法经营，不做假账。通过普惠和金融科技的力量，连接小微、连接信用、连接金融，让阳光照进每一家企业，我们就能以一种全新的维度做到以前做不到的事，从而推动后疫情时代的中国经济更公平、更快速、更智慧地复苏。

扫码听一听

NO.14 财务人员如何提升自我以适应企业成长的要求？

问

—

徐总好！我是一家小型贸易公司的财务负责人，工作越来越忙，老板对财务管理的要求也越来越高。我想请教您，我该如何提升自己来应对企业业务的快速变化和老板越来越高的管理要求？

答

—

感谢您的提问。从您的问题中，我可以感受到您对成长的渴望，相信这也是众多小微企业财务人员共同的心声。对于您的问题，我有以下几个观点，供您参考。

首先，要积极拥抱数字技术。在数字化时代的背景下，财务人员往往成为企业数字化转型的排头兵。随着大数据、AI、云等新技术的高速发展，不仅基础财务工作会由智能化应用来完成，解放财务人员的“双手”，财务管理也将会更加依赖智能决策辅助系统，升级财务人员的“大脑”。可以预见，技术变革会深刻改变财务人员“忙”的现状，会让财务人员“忙”对地方，真正体现其价值。

其次，应加强对流程管理的实践。空有对技术的向往，没有行之有效的配套机制和流程，企业数字化转型就会遇到困境，甚至夭折。财务人员只有真正深刻理解企业的管理流程和发展趋势，才能让技术革命所带来的红利最大化，才能让财务真正从“忙”变成“不忙”。

再次，应持续提升专业能力。对于财务人员来说，财务理论知识、实时财税政策、先进财务管理经验等是财务人员安身立命的基础，需要不断夯实；同时，财务人员也需要涉及和掌握业务洞察、IT技术等跨专业的知识，才能跟上企业业务的快速变化。“活到老，学到老”是财务人员必备的品质。

最后，也是最重要的一点，要转变原有的财务思维。“一个好的CFO应该拥有一颗CEO的心”。财务人员不仅要做好账、报好税，还应该让自己走进业务前端，了解企业商业模式，梳理业务环节，帮助企业寻求成长的增长点，思考如何利用有限的资源去创造更多的商业收益。在这个过程中，看透商业经营数据背后的本质，并挖掘数据背后的价值，是财务人员可循的提升之道。

扫码听一听

NO.15 | 什么是数据中台？

问

—

什么是数据中台？在数字化转型的过程中数据中台有什么作用？如何构建企业数据中台？

答

—

您好，感谢您的提问。数据中台是新一代企业级PaaS平台的重要组成部分，是一套把企业数据用起来的机制，可以持续不断地把数据变成资产，并服务于业务，让企业员工、客户、伙伴能够更方便地应用数据，并通过数据创造新的价值。

生产力提升是时代发展的集中体现，生产要素转换也是社会更迭的重要标志。在数字时代下，数据就是最关键的生产要素。围绕数据的搜集、加工、分析、挖掘，将过去以经验和直觉为核心的决策和流程进化成为以数据为驱动的数据智能服务，让数据成为驱动企业发展的强大动能。这是数据中台最大的作用。

以深圳市人才安居集团为例，通过数据中台建设，实现合同统计、进度、付款、质量安全等11类关键数据的经营决策支撑。通过数据应用，强化计划、采购、合同、付款、质量安全等17项核心管理流程，规范业务执行，并提升80%的内部审计效率。东南大学为了解决自身数据共享不畅的问题，也通过数据治理和企业架构规划，建设了院校数据中台框架，实现5大类、30小项院校业务的数据智能化，消除信息孤岛，实现“信息共享、数据一致”，全面支撑并深入融合学校的管理和教学。

如何体系化建设企业数据中台？我们可以从战略转型、变革支撑、目标准则、体系框架和建设步骤几个层面概述。

1项战略转型：建设数据中台是企业数字化转型的一项重要战略，要把数据中台建设定位为企业战略转型举措，一把手工程，全局谋划。

2项变革支撑：数据中台建设涉及企业的方方面面，需要在企业文化上统一数据文化认知，在企业组织上进行变革协同。通过组织与文化变革，构建数据驱动的土壤。

3条目标准则：可见——数据分析可视化，可用——数据资产服务化，可运营——数据运营持续迭代优化。这不仅是建设的目标指引，也是评估建设完整度的考察依据。

4套体系框架：数据中台的建设内容，包括技术体系、数据体系、服务体系、运营体系四套框架，以保证中台建设的全面完整性，符合目标准则。

5个建设步骤：通过理现状、立架构、建资产、用数据、做运营5个关键步骤，控制中台建设关键节点质量体系，步步为营，环环相扣，形成真正的闭环。

此外，要打好数字化转型中最关键的数据驱动“攻坚战”，关键还是要持续打好企业文化转型的“持久战”。数字化带来的根本变化是转向以客户为中心。以客户为中心，从客户需求出发，深挖数据背后的价值，才能使数据发挥真正的效用。让数据中台为前台业务提供更快的需求响应，为后台管理提供更好的创新价值！

扫码听一听

NO.16 制造企业如何应对多品种、小批量需求的挑战？

问

—

我们是一个传统民营制造企业。近年来，客户每次下的订单由1个品种1万件逐步变成20个品种，每个品种500件，原来1个月交期也变成1周要交货，用老方法进行生产造成大量浪费，对我们生产的挑战越来越大，我们该如何应对？

答

—

这是一个很好的问题，谢谢您的提问。您所说的情形属于“多品种、小批量、短交期”问题，是当下许多传统制造企业面临的普遍挑战，也是制造企业由工业经济向数字经济转型过程中常见的问题。

其根本原因来自我们正面临的消费巨变。数字化时代，90后、00后形成的新生代成为消费的主力。他们新的消费观念与习惯，正在影响制造企业。其结果，就是“多品种、小批量、短交期”成为常态。数字化能力=数字化技术×管理实践×思维模式。面对新挑战，建议可以从这个转型公式中寻找解题之法。

第一，数字化技术方面。

相对于传统大规模生产，以“多品种、小批量、短交期”为特征的生产，有不同的管控要求，原来的生产管理模式已经失效，需要新的生产管理模式。建议利用云计算、大数据等数字化技术，结合新的管控场景，创新数字化生产管理模式去应对挑战。比如，通过数字化工具，实现生产全过程的数字化；通过数字化实现生产过程的精益化管理，提升设备利用率，实现多品种生产；通过实现生产工序全过程管控，减少不必要的工时投入，缩短生产周期；通过实现物料自动配送到工位，提升产线快速切换能力，解决小批量制造难题。最终达到“多品种、小批量、短交期”新的管控要求。

第二，管理实践方面。

深圳步科在2015年也遇到同样的挑战。当时他们平均每个班组每天要生产10个不同的品种，最大的批量是200件。这种体量的生产，周期应为7.67天，而客户能够接受的交期是2天，生产的挑战非常大。从2016年开始，深圳步科和金蝶一起探索建立柔性生产能力，共同创新了“KK智能制造解决方案”。就是用软件+智能硬件，形成了新的解决方案。在这套方案的帮助下，深圳步科实现了“三零”的应用：换线零等待、配送零误差、下线零不良。既保障了生产品质，降低了生产成本，又把制造周期压缩到0.8天。上线4年，步科的人均产值提升近100%。现在这套解决方案已经在帮助更多的制造企业，并在不断迭代中。

第三，思维模式方面。

数字经济带来的根本变化是转向以客户为中心。我们要从过去的产品思维，转向“以客户为中心”的思维。建议可以从鼓励全员创新入手，实现文化转型。近几年，很多制造企业推行阿米巴管理，他们倡导人人都是经营者，实现上下同欲，共同创新。

我们正处于“技术巨变、消费巨变、产业巨变、管理巨变”的时代。市场对产品和服务的要求不断变化，但客户对美好体验的追求是不变的。我们要以不变应万变，在心上用功，通过不断的反省和总结，让我们心明眼亮，看清本质，把握未来。

扫码听一听

NO.17 新冠肺炎疫情之下，如何通过数字化转型提升医院的服务品质？

问

—

徐总，您好！我是一家二级医院的信息化负责人，想请教您一个问题：新冠肺炎疫情期间，我们要快速应对患者的大量咨询、核酸检测与诊疗服务的需求，请问如何通过信息化升级，实现医院的数字化转型，为患者提供更好的服务？

答

—

谢谢您的提问！医疗的数字化转型与企业数字化转型其实是有共通之处的，都是“以人为本”，都是要解决“人”的困境。医院在数字化时代，要做到“以人为本”，需注重提升患者、医护的体验与医院管理者的效率。

对此，我有以下三点建议，供您参考。

第一，新形势下，积极拥抱医疗服务新模式。

传统医院的信息化建设面临着几个主要的瓶颈，如信息孤岛严重，很多业务依赖纸质、人工口头的信息传递；医院数据质量低，医护和管理者很难获得有价值的数据辅助决策。过去以打补丁式的信息化建设模式已难以满足医疗服务新场景与医院可持续发展的需求。

2019年年底，新冠肺炎疫情突袭而至，很多患者去医院怕被感染，不去医院怕耽误病情。因此，患者的在线咨询与线上问诊需求呈爆发式增长。

基于此，医院需提供多场景、多层次的医疗服务。可借助“互联网+”开展线上咨询、电子处方、药品配送到家等服务，让“数据多跑路，群众少跑腿”，提升医务工作者的工作效率与患者满意度，解决患者疫情期间的就诊难题。

第二，基于数字化技术平台，构建线上、线下融合的新系统。

为支撑医疗服务新模式，医院亟须构建一个面向未来、可持续发展的数字化技术平台。在此平台上，搭建线上、线下融合的系统。

以往就医场景集中在线下门诊，医院人满为患。在未来，线上就诊将会成为线下就诊的重要补充。截至2020年5月，全国已有超过1000家医院上线互联网医院。广州某省级三甲医院通过互联网医院，在一年时间内为近7万人次提供线上健康咨询、视频复诊、线上续方服务；为23000位患者提供药品配送到家服务。这些数据非常具有代表性，这家医院的在线探索已经成为业内对标学习的样本。

第三，数字化升级背后，必须贯彻医者仁心的理念。

医院数字化转型首先应当遵循“以人为本”的原则。古往今来，无数的医者践行着悬壶济世的理想，承载着患者对健康与生命的托付，这对现代医疗机构提出了更高的要求：在新的医疗业态中，更需要贯彻“医者仁心”的理念，全心全意地为患者提供更便捷、安全、优质的医疗服务。如此一来，医院不仅要为医护人员提供更智能的诊疗工具，还要为医院管理者提供更科学的决策支持，从而提升医疗质量，增强医患信任，真正实现用技术传递温暖。

希望我的上述建议能给您提供一些帮助，也衷心感谢您及所有医务工作者在疫情期间的付出，祝贵院早日实现数字化转型升级，为“健康中国”贡献力量！

扫码听一听

NO.18 如何正确认识人力资源数字化？

问

—

徐总，您好！我是一家企业的HRD，最近公司进行数字化转型，人力资源部门也要跟上。可是我们企业过去缺乏人力资源信息化建设的经验，请问我们应该如何正确认识人力资源管理数字化？

答

—

人力资源和企业中的其他资源相比，有其独特性，因为人是万物之灵，他们会根据外部环境调整自己，也会通过行为影响别人。因此，要真正理解人力资源数字化转型，企业需要思维模式的转型。

首先是接受变化。理解当下，我们正在经历消费巨变、产业巨变和管理巨变，在资源高度开放、信息高度民主的环境下，企业员工的价值理念、思维方式和行为习惯已经改变。依靠过去灌输、说教和单纯惩罚的方式管理员工已不合适。我们可以利用先进的数字化系统结合业务，塑造真诚而又严厉、阳光而又温暖的制度和文化氛围，引导员工进步。今麦郎利用人力资源数字化系统实现了一线员工工资日清、次月1号发薪，一线员工对企业的认同感和自豪感得到极大提高，员工主动介绍亲友到今麦郎工作。

其次是重新定位。HR数字化不是简单地把现在手头的工作搬到信息系统上去做。人力资源管理者应该像CEO一样去思考，如何从企业战略的层面，重新定位HR的价值，把HR数字化工作放到企业整体数字化视野中；如何更好地与其他系统和企业业务协同。再通过制度优化和HR系统建设相互配合，提升HR系统的运作水平，帮助企业战略落地。

再次是重设标准。不要仅仅用短期的眼光，从提高多少工作效率、减少多少人力成本来评价HR数字化工具价值。HR数字化的成功关键，是建立一套系统或机制，持续地关注和鼓励员工的成长，从而激发员工为企业和社会创造更多价值的欲望和潜力。要以员工的自我成长，带动企业的长久经营。比如，远大住工的人力资源部门结合自身的业务特点，构建了“人人账本”的全新模式，通过成本费用建模和节约金额共同分配机制，将每一个员工和企业紧密结合在一起，有效地调动了各级员工降本增效的积极性，实现了双赢。

最后是找准标杆。在进行HR数字化的具体工作中，不要简单、机械地对标某一家企业，更不要只在自己的同行企业中去寻找“成功实践”。HR数字化的实践不是克隆某一个优秀企业，或者盲目地采用一些新的手段和方式，而是要从企业自身出发，博采众长，建立一个更符合自身文化特性和发展需求的HR管理模式。

人力资源管理的特殊性在于，它的管理主体和客体没有本质区别，都是“人”。转型即转心，要改变别人，关键还是要在企业家自己的“心”上用功，改变自己，才能影响他人。

扫码听一听

NO.19 猪肉价下跌，企业如何通过数字化转型与农户共渡难关？

问

—

徐总，您好！我们是一家肉类提供商，业务主要是统一收购农户的猪肉，供应给超市。近几年猪肉价格下降幅度较大，公司上半年收入骤减，农户也怨声载道。能否通过数字化转型进行规模化管理，一方面降低成本，另一方面打通上游的农户，统一管理，共渡难关？

答

—

谢谢您的提问，这是一个好问题。当前猪肉价格持续低迷，上游农户由于恐慌大量抛售，更加剧了价格的下跌。在这个低潮时期，“苦练内功、数字转型”是战略性的选择。基于您描述的业务场景，贵公司的数字化转型可以从如下几方面入手。

第一，搭建数字化农户服务平台，让农户更有保障。

农户由于自身规模较小，资金实力和技术人才欠缺，无法像大企业一样引入新技术，作为养殖产业链上的链主企业，贵公司可以利用数字化技术搭建一个农户服务平台。比如，正邦农牧，为其200多家饲料经销商的合作农户，利用数字化技术远程、实时提供技术培训、技术支持、猪病诊断、免疫方案、非瘟防控等方案，使自己生态圈里的农户相比同行有更好的养殖技术，更好的免疫方案，同时自己的供应体系更加健康。

第二，精细化成本管理，让农户管理更轻松。

成本是养殖行业第一位的影响因素，成本的高低直接影响着一个农户的盈利水平和生存状态。贵公司可搭建共享的成本核算平台，帮助农户快速进行成本核算和精细化成本管理，让农户精准地知道出栏一头猪分摊了多少饲料成本、疫苗成本和人工成本等，以便于精准、直观地进行成本管理，成本低一分就多一线生存机会。

第三，把农户装在心中，建设命运共同体，让农户更安心。

贵公司的供应体系由农户构成，他们是这个体系的根本，正如一棵树的成长，只有根深才能叶茂。因此要让企业经营稳健，一定要真的把农户装在心中，与农户形成命运共同体。参考温氏的做法，利用强大的数字化系统，企业与农户在信息和数据上实现共享，公司与农户形成一个互信的生态机制，共同抵御行业变动风险，与农户共渡难关。

在行业低潮期，贵公司希望通过数字化转型与农户共渡难关，我们深刻感受到了贵公司从“心”出发的企业良知。转型即转心，本质是要与农户建立心与心的连接，患难与共，方能同舟共济。

扫码听一听

NO.20 传统汽车经销商如何应对新能源汽车带来的冲击？

问

—

徐总，您好！我是一家中型汽车经销商集团的负责人。最近这几年以特斯拉、蔚来为代表的新能源汽车品牌，不断地蚕食我们的市场份额。我们也想通过数字化实现创新，但是对这个市场形势还没看清，也还没厘清思路，请问您有什么看法和建议？

答

—

谢谢您的提问！如今，汽车行业正面临一场商业模式的变革。这两年以特斯拉为代表的新能源汽车，以及以蔚来、小鹏为代表的造车新势力，正迅速崛起，他们大部分采取的是直营模式。此外，华为也做了一个创新示范，它与汽车品牌赛力斯合作，在华为旗舰店售卖赛力斯华为智选新车。

可以看到，直营模式、新零售模式正在倒逼传统汽车行业。过去“以车企为中心”的产业链模式，正在向“以客户为中心”的平台运营模式转变。直营模式的出现，表象看是新入局厂商所掌握的渠道资源有限，渠道建设成本高、周期长，而本质上，则是传统的4S模式已经无法满足消费者日益增长的品质要求，诸如价格因人而异、维修信息不透明、消费体验落后等现状，这些都亟待改变。直营模式立足于先进的数字化营销平台，不仅关注车辆本身和交易过程，更看重客户全生命周期的消费体验及服务品质，充分满足了消费者对汽车消费升级的需求。

基于此，建议您可以参考以下数字化转型思路，来重构自身的业务能力。我认为企业数字化能力=思维模式×技术×实践。

首先，在思维模式层面，面对消费巨变、产业巨变和管理巨变，我们要紧抓其中的不变，就是为客户带来更好的体验，以及其中的“变”，即经销商对自身的定位要从单纯销售产品的“贸易商”，转变为为消费者提供个性化、全生命周期服务的“服务商”，并逐步向成为提供综合产品和服务资源的“平台商”迈进。未来，经销商需要通过数字化转型，建立“以客户为中心”的覆盖线上、线下全过程的数字营销与服务体系，重塑消费者对于经销商的信任。

其次，在技术层面，要重视完整的数字化系统建设，打破不同业务之间的数据孤岛，让信息伴随客户的需求，在企业内部高效流转。数字化转型不仅是为了提升企业内部管理能力，更要能支撑客户的全生命周期、全过程的优质服务体验，让企业更了解客户，让客户更信任企业。

例如，某大型经销商集团就是通过全业务流程的数字化，为消费者提供贯穿购车、用车、修车、卖车等全周期业务场景的一站式在线服务，并根据实际情况智能推荐合适的产品和方案，得到了客户的充分认可，每年通过老客户介绍带来的新客户就有数千名之多。

最后，在实践层面，可以借鉴更多成功的创新尝试，提升客户用车服务体验。维修保养是每个车主都会遇到的场景，相比以往要在4S店排队枯坐的场景，如果可以通过手机自助预约、查看进度、在线支付、自动累积积分，这种体验无疑会更有吸引力。比如，山东远通集团依靠线上服务系统的支撑，不仅让70多万名车主可以在线查看卡券和交易记录、预约维修、购买优惠套餐，还可以通过积分商城，用自己的积分兑换各种生活用品，享受多维度的服务体验。

新技术的出现，不断激发新商业模式的迭代，随着新能源汽车渗透率的不断提升，过去的以产品和销售为核心的商业模式，将逐渐被以创造“顾客价值”为核心的价值体系取代。而这个体系的根本，是对于以“客户为中心”的理念的重新认识。建议您花一到两天的时间，放下手机，摘下面具，好好地与自己对话，反复地问自己“我真的爱客户吗”？相信，您会找到属于您自己的答案。

扫码听一听

NO.21 在线教育如何通过数字化提升运营效率？

问

—

徐总，您好！我是一家线上教育企业的负责人，想问一下在线教育的数字化应该怎么做，才能在现有的市场竞争中占据运营效率优势？

答

—

谢谢您的提问！近日，受到“双减”政策预期的影响，不少在线教育公司纷纷做出调整，企业的可持续经营受到严峻的挑战。在这个时刻，企业既要重新审视原有的商业模式，也要积极做好转型的准备。

相比传统的线下教育，在线教育在这两年受到了极大的关注。原因是在线模式突破了地域和空间的限制，让优质的教师资源可以最大化地覆盖更多人群。但在线化只是授课方式发生了变化，实现了教育行业的信息化，并不代表在线教育公司具备了“数字化”的特性与能力。

基于此，建议您可以从教学方法、运营模式、技术平台、业务平台这四方面来加强自身的数字化构建能力。

首先，教育方法的优化。从整体来看，未来的教育一定是多功能、场景化和数字化的。伴随着5G的到来，人工智能与VR技术飞速发展，未来在线教育行业会融合更多新技术。比如结合AI大数据，一方面可以加强学习数据管理，将教学过程中师生的互动、提问和答疑、课堂反应等内容进行记录，实现精准教学，升级学习体验；另一方面，通过将语音识别、自适应等功能渗透到在线学习的各个环节，包括学习资料的获取、学习的沟通管理、核心的教学内容，实现教学效率的提升。

其次，运营模式的拓宽。可以进一步扩展服务形式、加强产业链合作。在线教育企业的盈利主要来自B端和C端，B端营收以广告费、平台佣金和加盟费等形式为主，C端的主要盈利来源是课时费。就C端而言，可以在课时费以外，从内容、会员和增值服务等方面进行服务形式的创新。

再次，技术平台的变革。截至2021年年底，市场上还没有一套成熟的商品化软件可以同时满足不同的在线教育企业的需求，各家教育企业都是自主研发业务系统，或者多个业务系统共存。新冠肺炎疫情期间，在线教育需求量翻倍甚至数倍增长，但大部分企业现有的技术平台架构相对陈旧，优化和提升成本较高。面对现有业务的重新规划，产品功能的快速迭代、大数据量和高并发等需求，企业需要一个新的更强大的技术平台来实现快速转型。

最后，业务平台的优化。由于企业业务规模扩张较快，企业信息化的建设没有统一的规划，业务系统、财务核算、订单管理、采购管理、HR管理、OA审批等系统都是各部门独立采购和使用，不同系统之间的数据孤岛严重，需要大量的手工操作来实现业务的衔接和核对。在当前现状下，企业更需要通过重新梳理和优化业务流程，搭建统一的信息化平台，打通业务的各个环节，消除不必要的资源浪费和数据失真，提高整体的运营效率和运营水平。

数字化转型不仅是为了提升企业内部管理能力，更要能支撑客户的全生命周期、全过程的优质服务体验，最终提升企业自身的竞争力，才能在挑战中站稳脚跟。

扫码听一听

NO.22 药企如何通过数字化转型应对带量采购的挑战？

问

—

徐总，您好！我们是一家主要生产仿制药的企业，我是主管运营的副总，我国实行带量采购后，药品的价格大幅降低，特别是仿制药。这给药企，特别是给生产仿制药的企业的经营管理带来了很大的挑战，请问企业的数字化转型能否帮助企业应对这种挑战？

答

—

谢谢您的提问，带量采购，是近年来对医药行业影响重大的产业政策，这个政策的目的是降低药品价格，引导医药产业健康发展，让广大人民群众受益。可以预见，这个政策会持续扩大范围，促进药品价格下降的同时，也让仿制药生产企业的经营挑战更大，进而造成企业优胜劣汰，让成本更低、质量更优、创新更快的企业脱颖而出。

面对带量采购带来的挑战，通常制药企业需要从四个层面去应对：运营转型、产品与服务转型、战略与模式转型、文化转型。而从数字化角度来讲，企业需要提高自己的数字化能力来赋能和促进这四个方面的转型。

首先，从运营转型层面来看，提升运营效率、降低成本和提升质量水平，是仿制药生产企业的基本功，也是当前带量采购模式对药企的最直接要求。通过数字化手段可以提升生产效率，比如，借助物联网技术，实现产品、生产设备、人员等互联互通，能够有效提升生产效率，同时也能对整个生产过程做到全流程、不间断的定位追踪，一旦某个环节出现问题，能够及时发现和处理，最大限度地保证生产工艺的平稳运行，以及产品的质量稳定。利用AI辅助检验系统，可以缩短质量检验时间、降低检验失误率。借助大数据，分析最优工艺参数，提升效率也是数字化转型的思考方向。

其次，从产品与服务转型层面来看，可以通过数字化手段加快产品研发效率和提升客户服务体验。仿制药也分为高技术含量、高附加值的首仿药和竞争激烈的普通仿制药，研发首仿药需要企业有更快的研发创新能力，而布局首仿药研发的企业，通过研发的数字化转型，就能缩短研发周期、降低研发费用、提高研发成功率。比如，在临床研究阶段，采用云端的临床试验患者招募系统，通过海量的临床试验大数据分析，将试验要求与病人电子病历进行自动匹配，就能快速找到最合适的受试者，提高试验患者匹配度。

又如在客户服务方面，通过数字化手段可以提升各类医药销售终端的服务水平和投入产出率。通过数字平台直达病患，企业会更加了解客户，能够为客户提供更精准便捷的产品和健康服务。截至2021年年底，已经有一些医药企业采用数据技术系统开展医生虚拟拜访、线上学术会议、大规模病案征集；通过数字化手段支撑实现处方外流、在线医生、慢病管理、个性化药品定制等，很多都取得了可喜的成果。

再次，从战略与模式转型层面来看，当前医药行业有两个趋势。第一个趋势是从“仿制药战略”向“创新药战略”转型，通过数字化手段构建数字化研发平台，整合各类研发资源、理顺产品研发管理体系，提升创新药研发效率。第二个趋势是从以产品为中心的工商增值链向以消费者为中心的健康生态圈转变，企业通过布局大健康产业生态圈，实现新的商业模式和盈利模式。通过数字化手段，构建企业大健康产业平台，整合医疗服务资源、产品供应资源和金融服务资源，为消费者提供医、药、健、险等全方位的服务。

最后，从文化转型层面来看，转型即转心，药企的数字化转型，就是通过数字化转型重塑医药行业的发展模式和价值链，为医生和患者提供更好的产品和服务。企业要更好地应对带量采购带来的挑战，从根本上，企业家需要提升自己的心灵品质，在心上用功，坚持做难而正确的事，带领企业进行文化转型。

扫码听一听

NO.23 政策调控趋严，房地产企业如何寻求规模与利润平衡发展？

问

—

徐总，您好！我们是一家中型房地产企业，近两年受新冠肺炎疫情和两集中、三道红线等趋严的政策调控的影响，中型房地产企业发展愈发艰难，请问如何通过数字化手段应对冲规模与降杠杆的平衡？

答

—

感谢您的信任和关注！最近几年国家连续出台调控政策，对房地产市场进行“降温”，在“房住不炒”“三道红线”等政策的监管与推动下，已经从顶层设计上改变了整个行业的规则与发展模式。这对于购房者来说是利好的消息，但给众多的房地产企业带来了不小的冲击和挑战。新时期高周转、高负债扩张的模式已经难以为继，规模与利润平衡的发展迫在眉睫。

对于中小型处于发展阶段的房地产企业来说，在资金、土地、人才、市场各个方面需要承受巨大的压力，企业间的竞争，也从单一的规模比拼，转为运营、成本、产品与管理的竞争。对于您提出的如何应对和破局的困惑，我认为可以从以下几个方面入手。

第一，重视管理升级。

土地红利时代的终结开启管理红利时代的篇章。2002年之前是土地的红利阶段，“招拍挂”之后是金融红利阶段，而“三道红线”政策出台后，是管理红利阶段。提升和健全企业本身的管理体系和风控体系，关注企业本身的组织能力、运营能力、资金能力和产品能力，能让企业更好地应对市场变化，稳中求发展。

第二，加快产品与服务升级。

从“建好房子”，向“给客户提供美好生活”升级。当前阶段建房卖房早已不是众多房地产企业唯一的核心业务，房地产行业的价值链在向外延伸，向外联通，与物业、消费、大健康等越来越多的行业发生关联。关注客户的需要，以客户为中心进行产品与服务重构。比如，在产品层面融入更多智能化和人性化的元素，为客户提供更好的生活体验，同时以物业服务为窗口，为客户提供全方位的生活服务。向存量市场的延伸将带领企业探索更广阔的创新空间，创造新的产品与模式为企业输送新动力。

第三，构建生态升级。

聚焦“连接、增效、降本、赋能”的数字化目标，基于项目全价值链，结合先进技术打造产业互联生态体系。众多中大型房地产企业投资发展文化旅游、养老健康、现代农业、酒店金融等。一方面，房地产业务为多产业提供稳定的客户资源，另一方面，多产业经营可以为房地产业务提供客源，结合企业本身在当地的优势资源，以及自有产业生态，以客户需求为出发点，通过科技赋能，加快内外部生态业务建设和整合，并发掘创新业务，协同生态伙伴、供应商、政府公共资源等生态互联，共创共赢。

企业数字化转型的目的是释放企业禁锢价值，实现企业的高质量发展。当前市场趋势与政策将带来行业的颠覆，从规模爆发到陷入瓶颈，这是大势所趋，也或许是机会所在，“立志不求易成，行事不避艰难。不遇盘根错节，何以别利器乎？”挑战即机遇，烦恼即菩提，转型即转心，转心即成长。或许这也是用数字化利刃，突破原有行业桎梏的良机。深深地祝福您，破局而生，化茧成蝶。

扫码听一听

NO.24

高校如何培养适应时代发展的数智化人才？

问

—

徐总好！我是一名应用型高校系主任，随着智能化应用与新技术的迅速发展，学校教学内容与社会需求脱节的问题日益明显，学生毕业后往往是从零开始。所以很想了解，高校该如何培养适应新时代发展的企业数智化人才？

答

—

感谢您的提问，这个问题我也有留意，包括与许多高校都有类似的讨论，这也是许多企业和相关政府部门关心的问题。对此，我也有一些思考，供您参考。

我们必须要认识到，数字经济时代，需求巨变、消费巨变、技术巨变、管理巨变接踵而至，衍生出了新的商业模式、新的技术平台、新的管理模式及新的人才需求。社会所需的人才能力标准也随着行业数字化进程发生着改变。因此，从社会需求倒推高校培育人才方案的角度出发，我有以下三点建议。

第一，明确数智化人才的培养目标。

从工业文明到信息文明，再到未来的数智文明，在不同的社会发展阶段，劳动生产方式都在发生着巨大的变化；如今，数智技术日新月异、千变万化，学生进入社会后，不仅要会动手做“事”，更要能思考“事”的本质，能提升认知能力，敢于探索和勇于创新，学会从“心”上用功，实现自我驱动和自我成长。所以，高校人才培养的目标既要“授人以鱼”，更要“授人以渔”。《中华人民共和国高等教育法》也指出：“高等教育的任务是培养具有社会责任感、创新精神和实践能力的高级专门人才”，我们要提升学生数字化思维认知水平，培养学生掌握变化中的不变，不断提升自己的心灵品质，提升能量和智慧。

第二，构建适应职业岗位发展的人才培养体系。

应用型高校需要紧贴市场动向，以职业岗位能力需求+能力发展路径为主线，校企协同来设计学生的知识、能力、素质结构，制订人才培养方案，同时融入相应的企业创新实践课程和企业认知、实训、实习课程。以发展的眼光，全面提升学生的数字化技术应用与创新实践能力，强调人才培养的应用化、职业化和专业化。

第三，校企联合，打造产学研贯通的育人新模式。

在数字时代，高校一方面要不断更新课程、教材及教学方式，另一方面需要积极与企业互动，通过吸收企业的人才洞察、实践案例、产品与技术、生态资源，快速响应人才培养需求，融入时代。

企业能够根据岗位的职业标准，帮助高校构建专业的教学标准、课程标准；建设满足学生职业技能培养、理实一体的实训基地和“双师型”的师资团队，带动专业的教学质量、办学水平与特色的提高；提供创新创业的社会服务及岗前培训，为实习就业提供有力支撑。比如，金蝶与上海立信会计金融学院的合作，就是通过课程融合、师资培养、实习基地建设等方式全面提高教育教学质量，推动了教育链、人才链与产业链的有效衔接。

人才培养之路必定是长时间探索与反复实践、论证的过程，需要学界和业界携手探索、共同实践。希望我的上述建议能给您提供一些帮助。我们也会积极携手高校，为祖国的数智化人才培养，尽绵薄之力！

扫码听一听

NO.25 出纳人员该如何应对智能财务带来的变化？

问

—

徐总，您好！我是一名出纳，面对数字化企业转型大趋势，我们在职人员应该如何学习，通过什么途径提升自己对应的知识技能来应对智能财务带来的变化？

答

—

您好！这个问题很棒！因为您已经意识到了财税世界正

发生着翻天覆地的数字化转型变化。您的问题我通过如下几点分享，期待能给您一些启发。

一般企业中出纳的主要职责就是负责公司所有跟钱相关的工作，包括公司对内、对外的收付款工作。与收付款相关的各类银行业务处理工作及现金、票据等的保管工作，还有与收付相关的各类数据、报表的制作。而这些工作无疑是重复的、标准的，在当下这个数字化时代，也是最容易被系统和工具取代的。

看到您的这个问题我想您一定也做过一些深入的思考，在这里我以金蝶多年服务于财务人员的实践经验给您一些建议，供您参考。

首先，从本职工作中找到不断提升的途径。当今许多企业上线了资金管理系统和出纳收付机器人，目的是提升财务工作效率，降低财务处理风险。而这些系统和机器人应用场景的分类、规则、标准制定都是由具备出纳工作经验和数据思维逻辑的专业人员梳理出来的。不管技术如何变化，财务的专业仍然非常重要，我们需要做的就是要加强我们的综合能力，比如数据逻辑能力、规则梳理能力、标准制定能力，从本职工作中找到不断提升的途径。

其次，扩展更多业务与技术领域的知识。随着企业信息化、数字化、智能化管理的程度越来越高，传统财务越来越不适应时代变化的要求，未来的财务除了要掌握必备的财务专业知识以外还需要具备一定的业务能力、技术能力、商业洞见能力。我们要在实际工作中主动学习并利用先进的智能技术加快财务业务处理速度；将财务管理内容与业务应用场景结合，为企业战略发展提供专业的参考和建议；利用丰富的数据，加强对业务的理解，产生洞见；通过创新雷达发现并立即评估新的业务模式，提供更多的业务创新“可能性”。

最后，明心、净心是根本。传统的财务思维相对保守，随着信息技术的日新月异，财务人员需要建立多元化的思维，充分利用先进的技术、手段和不断的学习来提升财务的创造性价值，在这个阶段尤其重要的就是通过明心、净心让自己沉下心来。“问渠哪得清如许，为有源头活水来”，不断学习和成长是财务人员永恒的课题。《易经》乾卦中的九三爻也说到，“君子终日乾乾，夕惕若厉，无咎”。意思是人在面临环境变化和挑战时，只有通过日夜不息，不放松警惕，遵循正道，努力学习和提升，才能完成自身的转变，从而进入人生下一个更好的阶段。祝福您能够成功蜕变，破茧成蝶！

扫码听一听

NO.26 全球供应链持续中断，如何提高业务韧性？

问

—

徐总，您好！我们是一家生产品牌智能电子产品的集团公司，是细分行业的领导厂商。我们全球布局，按单生产、采购，赢得了良好的口碑。但是在恢复增长的同时，国外订单越来越不稳定，不仅我们自身受到影响，我们在国内、国外的供应商也受到了冲击，Q2、Q3订单准交率更是下降到了30%以下，全球供应链的糟糕状况让我日夜焦虑。相信您也思考过类似的问题，迫切想听听您的建议。

答

—

非常理解您的迫切心情！2021年以来，我去过不少企业，包括格力电器等，我也非常关心，在全球经济下行的情况下，我们应该如何及时帮助企业消除产业链、供应链不稳定带来的影响。不少企业家朋友和行业专家也给了我不少启发，大家共同关注的问题是如何增强产业链和供应链的韧性，我分享几点看法。

首先，淬炼领导者内心的韧性。中国企业家在精神层面有一种与生俱来的韧性，这种韧性帮助很多优秀企业家转危为机。中华文明历来重视“执大象、天下往”，解决韧性问题也需要我们回归初心，坚持内心的一份韧性，达到持续的自我反省、自我洞察。在民营钢铁企业中，有两位“韧性大师”，一位是德龙集团、新天钢集团的丁立国董事长，在行业不景气、面临巨大环保压力的情况下，敢于做别人不敢做的事情，采用混改的方式整合天津钢铁，同时大力投资环保，将厂区打造为4A景区；另一位是沙钢集团创始人沈文荣董事长，在40多年的职业生涯中，一次次放弃原有的优势产品，克服技术创新的障碍，带领沙钢集团被评为“中国改革开放十年‘功勋企业’”，新华社报道沈文荣代表了“中国经济的韧性”。这两位领导者最感动我的是他们在产业大调整的关键十年实现突破式增长的个人韧性。

其次，逐步建立组织管理韧性能力。产业链、供应链数字化运作的基础是组织管理的韧性能力，本质是产业链和供应链可持续发展的能力。龙头企业尤其要重视从长期价值共生的角度打造可持续发展的产业链，重新定义与供应链伙伴的关系，切不可一味地将供应链断链的风险和损失转移到供应链伙伴，要依靠激活组织内在的创新能力，借助数字化手段为组织和个人赋能，实现需求与供应的动态感知、风险识别、自动响应、自主创新。2020年以来，同样是订单不稳定、芯片断供、供应中断，格力电器等优秀企业就能够通过快速创新、快速研发、打通国内国外双循环实现产业链的创新和突围；而另一些企业从产品与服务到业务和管理模式还没有做出明显的调整，面对供应链不稳定甚至中断采取的策略是拆东墙补西墙。这两类企业的最重要的差别就是整个组织的韧性不同。未来，组织的韧性将成为企业长期发展的核心竞争力。

再次，打造数字化供应链平台，实现互联可视、数据驱动、动态应变的韧性供应链。您所在的智能电子产品行业，是受断供冲击比较大的行业。要实现对外部的实时洞察、供应链的快速协同，需要在原有供应链信息化的基础上，再造供应链业务网络，并基于数据和智能实现实时数据可视、动态分析、智能预测、动态仿真、风险洞察能力，形成产业互联平台。打造数字化供应链不同于简单的实施供应链管理系统，是整个企业端到端业务能力的重塑，其中，智能互联是韧性供应链的基础，包括客户互联、生态互联、员工互联、设备设施物联；数据驱动是关键，包括打通从需求端到供应端的研发、订单、计划、采购、生产、服务端的数据流；平台是创新的关键，平台是实现供应链韧性能力的关键，数据、服务、应用都将按照韧性化的要求实现可敏捷开发、动态组合、按需服务。近几年，华为、顺丰、中车株机等企业数字化供应链的实践证明，数字化供应链能有效地预判风险，增强预警和预测能力、缩短突发事件响应时间，也能从根本上缩短产品研发和订单交付周期。

最后，通过供应链数字化提升业务韧性的过程，对企业管理、数据治理、业务协同能力将带来较大的挑战，是企业数字化转型的关键任务。企业需要以“咬定青山不放松”的韧性，在未来三到五年甚至十年的时间里，打赢供应链数字化转型这场决定未来胜负的关键战役。

扫码听一听

第3章

创见者说

我们很荣幸在这个不确定的时代，

与每一位优秀的企业家同道而行。

他们是这个数字化时代的探路者、破局者、创见者，

我们是他们在转型之路上的同行者、亲历者、共建者。

我希望本章这些优秀的创见者故事，

能够为您与团队带来智慧与力量。

钢水四溅的钢铁厂如何成为国家4A级景区？上海德龙钢铁集团的丁立国董事长带领公司成就环保标杆、绿色标杆。丁立国董事长是我的一位好朋友，他对企业数字化有非常深刻的洞见，也善于用质朴的语言描述深刻的智慧。以下文章记录了上海德龙钢铁集团实现节能减排目标的过程，供您参考借鉴。

NO.1

上海德龙钢铁集团 丁立国

打造智慧德龙，用数字说话

上海德龙钢铁集团&新天钢集团

董事长　丁立国

上海德龙钢铁集团有限公司（以下简称上海德龙钢铁集团）前身成立于1992年，已发展成为一家集钢铁冶炼、冷轧、焦化、金属制品的钢铁主业，及贸易、物流、能源、环保等辅助业务为一体的大型综合钢铁集团；具备年产钢铁3000万吨的生产能力，拥有员工4.8万人；2021年位列中国企业500强第193位、中国民营500强第58位，中国制造业企业500强第83位。

2019年，上海德龙钢铁集团响应国家号召，积极投身混改，控股混改“渤钢系”天钢集团、天铁集团、冶金集团钢铁板块，四支队伍融而为一，新天钢集团由此诞生。2021年，上海德龙钢铁集团全年营业收入1957.22亿元。

钢花飞溅、铁水奔流，刺鼻的气味中粉尘飞扬，工人汗流浃背地从事着繁重的体力劳动。这可能是人们对钢铁行业的第一印象。近年来，随着国家经济结构调整及节能减排等环保政策的颁布施行，钢铁行业正在发生颠覆性的转变。钢铁企业正在努力适应新时代的产业发展需求，利用日趋成熟的数字化技术进行产品工艺创新，以立足“质量、高端、绿色、生态”的思路，探索与生态和谐共生的绿色发展之路。

上海德龙钢铁集团就是这样一家企业。2021年5月8日，在金蝶云·苍穹峰会上，上海德龙钢铁集团、新天钢集团董事长丁立国在分享公司数字化转型经验时谈道，上海德龙钢铁集团正按照“瞄准世界先进标准，环保投入不设上限”的要求，通过对生产过程全工序、全流程、全方位的深度治理改造，提升产品生产效率和质量，进一步降低能耗和排放。

媲美星级酒店的钢厂

位于河北省邢台市的德龙钢铁（上海德龙钢铁集团全资子公司），是一家集烧结、炼铁、炼钢、轧钢为一体的大型钢铁联合企业。经过20多年的发展，德龙钢铁已成为工信部认定的首批绿色工厂，环保A级绩效企业，还被评为国家4A级旅游景区。

“德龙始终秉承‘尽社会责任，创绿色财富’的环保观，环保投入不设上限，德龙工厂的环境堪比星级酒店。”丁立国董事长说。

据了解，截至2021年，仅德龙钢铁在环保改造上的投入

达50亿元，实施86项环保深度治理项目，使各工序污染物实际排放数值远远低于国家排放限值要求。

以水处理为例，改造后的全部工业废水、部分雨水得到回收处理、循环利用，污水实现零排放，废水经过10道工序处理后达到国家一级水质标准，可直接饮用。同时，德龙钢铁还大力发展节水技术，吨钢耗新水下降到1.77吨，达到国内先进水平，被国家工信部授予“2020年度水效领跑者”称号。

德龙钢铁已实现制造过程的绿色化、清洁化。在生产过程中采用国内外先进工艺，通过对烧结、炼铁、炼钢等工序实施脱硫、除尘、全封闭、平坦化等53项升级改造工程，使得各工序二氧化硫、氮氧化物和颗粒物的排放量均低于国家超低排放限值。德龙钢铁不断提升生产现场的环境，经过一系列提升改造彻底颠覆了人们对传统炼铁“钢花四溅、热浪滚滚、烟气熏人”的印象，使钢铁生产现场干净整洁。

丁立国董事长表示，近年，上海德龙钢铁集团紧紧围绕国家发展规划和产业政策，先后完成“环保标杆”“混改标杆”“一带一路”标杆的建设，为钢铁行业可持续发展建立了新的理念和目标。

下一步，上海德龙钢铁集团将重点围绕打造“智慧德龙”标杆的方向努力，这已成为公司未来转型和突破的重点。为此，上海德龙钢铁集团提出了“6185”数字化转型新战略，即通过“六大愿景、十八个应用领域、五大统一”，

让数字化赋能整个系统，解决人为达不到或人为能达到但效果不好的产业转型需求。

夯实德龙数字化地基

2021年，上海德龙钢铁集团发展理念中的“数字德龙”已转变为“智慧德龙”，用丁立国董事长的话讲，“数字德龙”理念已无法很好地适应上海德龙钢铁集团未来智能化转型升级的需求。因为“数字德龙”战略的阶段性目标已经完成。

在“数字德龙”阶段，公司面临的主要挑战是如何通过数字化建设全面支撑“红色德龙、精益德龙、绿色德龙、创新德龙、数字德龙、幸福德龙”六大战略的落地，这一过程需整合诸多信息系统，避免形成数据孤岛，为“智慧德龙”实践夯实数字化基础。

自2009年上海德龙钢铁集团开启与金蝶的合作以来，以金蝶ERP为核心业务平台，通过金蝶现有的各业务系统，以及i-MES系统、自主研发的一系列系统等打造了符合德龙管理的一体化解决方案。在多年的合作过程中，金蝶与上海德龙钢铁集团循序渐进完成了数字化转型的基础工作。同时考虑到钢铁行业是重资本行业，采销作为资本的重要出入口，必然受到行业企业的高度关注，更成为“智慧德龙”理念实践的核心工作之一。

为此，金蝶在充分评估上海德龙钢铁集团采销现状基础上，从集团管控需求入手，尤其是集团采购、集团销售、集团财务、集团HR、集团物流、各基地生产管理等需要有强大的平台支撑，同时对上海德龙钢铁集团的集团管控、国际化、集约化、精细化管理、产业协同形成有效、快速的支撑，打造满足国际化、多集团、多产业的数字化转型平台。

在金蝶技术及产品的支撑下，多年的精诚合作使上海德龙钢铁集团数字化转型初步完成以下目标。

第一，统一了集团所有组织架构、岗位、物料、会计科目、客户、供应商、质量和其他所有的主数据，通过实施金蝶备件属性库解决方案，有效降低了备件物料编码，编码从12万个降低到了7万多个。

第二，实现集团业财一体化、管控一体化、产供销一体化、系统平台化，通过各系统建设实现了德龙数字化转型的基础，效率提升两倍以上，大宗原材料库存降低一半，备件库存降低6000多万；通过业财一体化管理，财务凭证自动化率达到90%，财务结账一天完成。

第三，实现集团财务、预算管理、资金管理、成本管理、供应链、人事及行业产品等一体化管理，提高了管理水平，财务结账从原来的7天结账到后续的3天结账，到现在1天结账的效率提升。

除此之外，集团还实现了车间备件需求申报、招采平台、ERP与设备管理系统集成，以及备品备件全生命周期管理，打通了备件供应链与设备管理系统的所有环节，实现业务数据不落地，采购电商上线的第一年节约采购成本约7000万元。

随着“数字德龙”向“智慧德龙”的战略转变，为进一步强化双方合作关系，将数字化应用推向深水区，上海德龙钢铁集团已开启金蝶云·苍穹试点，借助新一代企业级PaaS平台，基于企业级云原生架构和中台思想，结合人工智能、区块链、云计算、大数据、物联网等创新科技及金蝶多年的企业级技术服务沉淀，为企业提供多场景、多层次的数字化服务支撑。

“智慧德龙”用数字说话

对于“智慧德龙”标杆的建设，丁立国董事长提出了五大发展目标和要求，即提高效率、数据精准、数字说话、风险可控、贴近需求。

丁立国董事长认为，数字化赋能传统行业的目的是解决人为解决不了或人为效率低的问题。他经常对信息化团队说，不要把自己的想象当成工作，一定要贴近生产现场和客户需求，善于发现和解决问题，并就此提出“会操心、敢着急、能解决”的工作要求。

20年前，能实施ERP的都是比较高大上的企业，但也有一部分企业实施了ERP却没用起来，这其中有数据无法及时有效采集的原因，也有人为因素不愿将真实数据录入ERP中。这带来的结果是，管理者无法及时全盘地掌控生产状态，也不利于高层做出精准的市场决策，从而将企业的日常经营生产置于巨大的风险之中。

随着“数字德龙”阶段性任务的完成，以及“智慧德龙”新战略的启动，上海德龙钢铁集团提出了“6185”数字化转型战略，即以“效率最高、成本最优、数据真实、风险可控、贴近需求、贴近员工”六大智能化发展愿景，细分智慧采购、智慧生产、智慧财务、智慧物流等十八个业务领域，按照“统一平台、统一体系、统一管控、统一数据、统一标准”五个层面的统一，加速推进数字化、智能化与钢铁工业实体经济的融合发展，让数字化赋能整个系统，解决人为达不到或人为能达到但效果不好的产业转型需求，打造行业示范标杆。

“要实现约束，让员工少犯错误甚至不犯错误，就必须用数字说话。”这是丁立国董事长创业29年的经验之谈。随着金蝶云·苍穹试点的深入推进，金蝶正在前期数字化基础之上，为上海德龙钢铁集团构建五大数字化支撑平台，即面向员工的信息系统平台 、面向客户的客户体验平台 、面向设备的物联网平台 、面向合作伙伴的生态系统平台 、智能的数据分析平台。

现在每天打开手机，就能看到焦、铁、钢生产了多少，工序成本是多少，关键工艺指标情况如何，通过可视化数据看哪些环节出了问题，考虑如何优化。在此基础上，上海德龙钢铁集团积极开展了“保三争二拼第一”评比竞赛，每天看谁排第一、谁排最后，管理人员半年轮岗一次，如果一直排最后，正职变副职、副职就下课，目的就是通过数字化营造“比、学、赶、超”的良好工作氛围。

“理想不改、创新不止、事业向善、惟有奋斗”，这是2020年丁立国董事长为上海德龙钢铁集团发展提出的价值理念，其理想不是“多赚钱，赚多钱”，而是“多炼钢、炼好钢”。如今面对“智慧德龙”数字化新战略的开启，丁立国董事长再次借用金蝶董事长徐少春在大会上讲的一句话——“执大象，天下往。往而不害，安平泰。”对未来，上海德龙钢铁集团正满怀信心，期待着与各个领域的顶级合作伙伴、与各路英豪共创共赢，在一个更广阔的市场，以一颗包容开放之心，重构企业数字战斗力。

一杯茶，香萦两岸，一种味，满溢人情。茶是中国文化的瑰宝，而数字化是新时代企业发展的必由之路，两者如何结合？天福集团是茶企数字化的典范，下面这篇文章带您了解有一种“人情味”的数字化转型实践。

NO.2

天福集团 李家麟

拥抱数字化转型，让茶味满溢人情味

天福集团总裁　李家麟

天福集团是由李瑞河先生于1993年在中国大陆创办的茶专业公司。天福茗茶，在大陆精耕数十寒暑，已成为集茶研发、生产、加工、销售和教育、旅游、文化、医疗、养生于一体的全方位茶业品牌。

茶在我国有着数千年的历史文化积淀，无论结婚摆酒或是宾客临门，敬茶奉茶均是必不可少的社交礼仪。茶随历史发展起起伏伏，始终贯穿于人们的日常生活中，茶文化已成为中国传统文化画卷中浓墨重彩的一笔。

中国是茶叶生产和消费大国，市场中却一度缺乏具有市场和品牌影响力的茶叶企业。1993年，天福集团应运而生，逢山开路、遇水架桥，逐步构建了集茶叶加工、销售、科研、文化、旅游于一体的全方位茶产业体系，于2011年9月在中国香港联交所主板成功上市。天福集团以“天然、健康、人情味”为企业宗旨，在产品安全、卫生、品质、口感特色等方面严格把关，成为备受人们认可的茶业综合企业。当时代风潮携机遇到来，天福集团本着将中国茶发扬光大的使命，积极推动数字化转型，为企业发展注入新动能。天福集团总裁李家麟表示，天福集团将继续为用户创造价值，用数据驱动商业模式创新，弘扬中国茶文化。

搭建数字化平台，打通信息通路

天福集团作为茶行业领军企业，业务涵盖全国1300多

家“天福茗茶”连锁门店、高速公路服务区开发及旅游观光、食品生产、茶叶加工等板块。不断扩大的业务版图，复杂多样的业务形态，给天福集团的数字化转型之旅带来了不小的挑战。漫长的业务链条，要求信息传递及时、财务核算准确、商品流通顺畅；茶业、茶食的行业性质需要满足法律法规对于原料采购、生产加工、仓储配送、销售流通环节的追溯和食品安全监管要求等。

面对纵向业务管控和横向业务协同升级的需求，天福集团急需构建强有力的内部管理体系，为整体运营提供支撑。根据以上洞察，天福集团确定了“3个面向 + 3条主线 + 1个

平台”的数字化转型方案。面向链接消费者、激活员工、赋能终端的目标，天福集团集中力量打造集团级一体化的运营管控平台，围绕分销供应一体化、工厂运营协同化、财务管控精细化三条主线展开数字化建设。天福集团大力推进以EBC（企业业务能力）为核心的数字化转型，使数据资产转化为驱动企业创新的生产力和生产要素，重构企业数字的战斗力，在运营协同、集团管控、数据赋能等方面成果显著。

过去从工厂到销售公司，再到终端门店，天福集团各个层级采用不同的数据流系统，业务人员需要进入多个账套处理不同数据，流程较长，数据分散。随着数字化建设的推进，天福集团打通了分销平台与终端POS之间的通路，通过业务处理自动化，总仓配货效率大幅提升，实现了对门店终端要货需求的快速响应。在总仓向工厂要货的环节，天福集团同样通过数字化平台自动识别业务路径，按照价格政策自动获取价格，实现了多工厂物资统一入口、集中叫货，大大提升了订货效率。同时，实现集团仓储信息的共享与隔离、物流管理、拆包组装管理、盘点管理等功能，提高了工厂运营的协同能力。在财务方面，天福集团通过数据归集、报表合并，实现集团一套账，支撑分销供应一体化、工厂运营协同化的财务精细化要求。

在整体建设过程中，三条管控主线贯通并彼此呼应，满足了终端、分销、工厂端到端的人业协同需求，支撑起复杂体系下的业财一体化，为管理者制定战略决策、进行业务判断提供有效支持，为天福集团实现经营可见、风险可控、高效产出赋能。

值得一提的是，天福集团作为传统茶企推进数字化转型的领先者，率先应用数字化平台实现“一品一码”，成功建立了“从田间到茶桌”的全过程追溯体系。茶叶不同于一般食品，其产品种类多样，制作工艺也是千差万别。天福集团以现代科技手段建立量化标准，加强对茶叶采购、加工、分级包装、仓储等方面的管控。从供应商原料与辅料的质量检验，到生产与包装的品质把控，再到分销及运输至消费者手中，实现全程可追溯，数字化平台成为保障食品安全、提升消费者满意度的重要抓手。

有效赋能终端，激活员工活力

天福集团成功打通各板块的信息通路，提升了分销供应及工厂运营协同的效率，对于管理层决策形成了强有力的数据支撑。此前存货变化、销售数据反馈的周期较长，计划员往往要到月底或者次月月中才能根据上一周期的数据制订采购计划，补货和备货相对滞后。随着数字化转型进程的推进，天福集团已经实现门店当天数据当天反馈，产能分配人员得以根据门店的订货量快速制订生产计划。数字化系统成功打通了从前端到后端的链条，大大提高了决策的时效性和有效触达率。销售计划、生产计划、采购计划与发运计划的打通，让预测的准确性提高了9%。

李家麟表示："平台提供的数据帮助我们更精准地进行采购工作。通过上一季度或上个节日的销售数据，我们能很清楚地看到市场对不同产品的反应。根据这些反馈，我们的采购方向就会有所偏重，上游供应商和茶农也可以据此种植适合我们未来需要的茶叶，获得更高的效益。他们提供我们所需要的产品，我们也因为这些产品实现更好的销售，这是一个双赢的过程。感谢大数据带来的提升，让我们和上游的供应商合作更加高效，收货量更加精准。"

数字化给一线员工带来的改变更为直观。由于门店数量众多，库存盘点一度对存货管理人员造成了不小的压力。以一个地区50家店为例，完成一次存货盘点就需要一周时间。如今在数字化平台的协助下，2~3天就能完成盘点工作，把节约的工作时间用来校对，以及根据盘点结果进行培训，指导接下来的工作规划。"员工以前最怕的就是每个月底的盘点，有了（金蝶）ERP软件带来的提升，他们现在觉得不再那么累了，这是我认为最受益的部分。"李家麟说。数字化平台上线后，天福集团从工厂到门店端到端的库存周转率提升了10%，前端业务处理效率提升10%，人为差错率降低了

20%——工作更高效，员工更轻松，这正是天福集团数字化建设取得成效的直接体现。

在向数字化系统过渡的过程中，天福集团也进一步提升了员工的数字化业务能力，帮助员工在能力提升与角色转型中迈进了一大步。以财务人员为例，之前可能只着眼于分类记账的岗位职责，对自己在数据流串联中扮演的角色比较模糊。但在构建ERP系统的过程中，财务人员深度参与公司业财一体化的融合与讨论，因此得以从比较宏观的角度看到所在职位的重要性。在天福集团未来的数字化建设中，这种经营型的业务能力将发挥重要作用。

用数字化反哺“人情味”，弘扬中国茶文化

中国茶具有3000多年的历史，别有风味，更富含人情味。自创立时起，天福茗茶就坚持“茶味就是人情味”的理念，不仅将其融入产品，更贯穿到企业管理中。很多员工都是一二十年的老同事，团队如同“一个和谐的大家庭”，对公司内充满人情味的茶文化充分认同。同时，天福集团也将人情味融入现代管理中。通过与金蝶合作建立的数字化平台，天福集团不仅实现了工作效率的提升，更成功激活了员工，让每一位员工在数字化时代焕发出新的活力。

李家麟说：“比起家族企业，我们真正的发展目标应该是‘企业家族’。天福是由成千上万的员工共同来创造的，我们希望不仅让每一个员工都能够养活一个家，更让他们都有机会在天福实现个人的发展。我们通过内部加盟，让员工变成天福的股东，当每个员工都成为企业家庭的一分子的时候，我们就是真正实现了企业家族化的转型。所有人都以家族的名义牢牢地结合在一起，天福这艘大船才能开得更稳、驶得更久。”

茶企的数字化建设是一项长期工程，天福集团希望在这条路上走得更远。李家麟表示：“弘扬中国茶文化，是天福作为茶企的责任所在。当人们认可茶的意义和价值，才会去寻找品质更好的茶叶产品，进而促进茶产业一条龙的发展，从源头到末端都可以从中受益。我们会一步一个脚印，持续推动中国茶文化的传承与复兴。”在生产、销售、财务模块逐个上线后，天福集团计划携手金蝶，继续推进在人力、税务等方面的数字化建设，进一步完善数字化管理系统，支撑天福集团的多元化发展。同时，天福集团也希望与合作伙伴一同探索茶叶工厂的标准化之路，将中国茶文化继续发扬光大。

一个橙子，两代人的传承与创新。褚时健褚老是我非常敬佩的企业家，他76岁于云南哀牢山栽培的褚橙成就了一个创业传奇。而褚一斌总作为褚橙的传承者，如何利用数字化管理技术实现褚橙品质的传程？这篇文章可窥一二。

NO.3

褚氏农业 褚一斌

从精神的传承，到数字化传“橙”

褚氏农业总经理 褚一斌

云南褚氏农业有限公司（以下简称褚氏农业）由褚时健先生牵头成立，致力于使用现代农业技术和标准化管理体系进行水果种植，同时也开展优质水果品种繁育、种植技术、精深加工技术和工艺等方面的研究，旗下有明星品牌“褚橙”“云冠橙”。

褚橙是褚氏农业的核心产品。据《褚橙你也学不会》一书中提及的一项调查，绝大部分没有吃过褚橙的顾客认为其热销原因是创始人褚时健的名声，而吃过的顾客则认为其热销原因是品质好。

这不仅说明了营销的重要性，更揭示了产品品质才是企业与竞争对手拉开距离的关键。

关于褚橙的品质，同行则无一例外地表示：褚橙的成功，关键因素是哀牢山脉独特的气候条件。毫无疑问，农业

是个看天吃饭的产业，然而农业企业正在探索数字技术赋能农业的新实践。

摸索智慧农业，寻找精准数字模型

褚氏农业总经理褚一斌在谈到农业数字化时说：“对于种植业来讲，数字化需要长期的沉淀，需要在经营过程中不断积累、量化，最终得到精准的数字模型。当下，中国农业种植业在数字化方面比较落后，我们希望数字化系统能为我们提供精准的决策判断，实现真正的智慧农业。”

金蝶作为褚氏农业数字化转型的服务商，为褚氏农业构建了以“业财税一体化”为核心的数字化管理平台，助力褚氏农业从传统农业逐渐向智慧农业转型。

褚氏农业的摸索在行业内具有代表性，其数字化转型的思考与实践可以对农业企业起到借鉴作用。本文从顺天时、应地利、聚人和三个方面分析褚橙的数字化转型。

顺天时，以数字技术发挥气候优势

褚橙种植基地位于云南省玉溪市的哀牢山河谷中，虽然坐享得天独厚的环境优势，但若要充分利用日照、积温与日夜温差的优势，褚氏农业则需要数字化技术支撑气候观测与种植管理。

一方面，褚氏农业通过对气象数据与种植数据进行分析，并根据当地的日照时间、积温与日夜温差，让褚橙的生长过程能最大限度与当地气候匹配，进而稳定果实的品质。

另一方面，褚氏农业通过数字化手段分析果树与果实的相关数据，并根据日照的时长与角度调整果树种植密度与挂果方向，保证果实的口感。

褚一斌认为，通过收集与调整果树的叶果比例、受光面积、土壤结构数据，可以将果实酸甜度、果皮厚度、果径的大小控制在合理范围内，然后将这些数据形成标准化数据体系，并进一步与原有的经验进行比对，可以提升把握气候优势的能力。

应地利，以数字技术解决环境问题

充分利用气候条件并不能保证褚橙的质量，因为种植果树的水源、土地与病虫害也会对褚橙的果实质量造成重大影响。褚橙种植基地的降水量季节分配并不平均，这导致基地土壤持水量不稳定，进而直接影响果实质量。

因此，褚氏农业花费138万元修建了18.6千米的饮水管线，引来附近南恩山的泉水作为果园水源供给；为了稳定灌溉用水，更是修建了20个小水坝、8个储水池。在此基础上，褚氏农业还引入以色列的滴灌技术以提高灌溉效率。通过这些措施，将褚橙种植基地的土壤持水量保持在60%～70%，为果树生长提供保障。

仅仅保持土壤持水量显然是不够的，另一个关键是土壤的营养结构。褚氏农业自建化验室，借助数字化技术研究土壤的营养结构，通过系统数据分析结果有针对性地研发出由塘泥、草炭、鸡粪和烟梗等组成的有机肥料。

褚氏农业通过合理施用独家配方的有机肥提升了褚橙种植基地的土地肥力，保障了果实的质量。

正如褚一斌所言："褚橙正通过数据系统将无数小数据汇聚成大数据，进一步赋能种植管理。"

聚人和，以数字技术平衡人力与机械作业

在顺天时发挥气候优势，应地利解决环境问题后，褚氏农业面临着"如何突破传统小农经济模式带来的果园经营局限"和"如何高效利用高素质劳动力"这两大难题。

传统小农经济模式难以支持果农放弃短期利益、坚持长期主义，因此难以保证褚橙品质的稳定性，制约了果园的可持续经营。原因在于国内绝大部分果农依靠年底的收成支撑下一年的生产投入和家庭开销，其更关注产量而非质量。

褚氏农业为保证果实品质，需要依据当地气候与环境特征有针对性地调整每一季的种植作业，某些时候会导致产品产量在一定程度上的降低，进而使果农年收入发生波动，并影响其生活与生产。

针对这种情况，褚氏农业首创每月每户先借发工资，到年底收果实时，再按吨位结算，把一年借发的工资扣除后，将剩余收入再结算给农户，这种“公司 + 农户”的经营模式保证了褚氏农业对农户的管理是可控的。

在此基础上，褚氏农业发明了“作业长 + 承保分片”的管理模式，即通过作业长将每月的生产安排、生产资料传递给负责田间劳作的农户，通过作业长管理农户，最终通过工厂化的管理方式保证褚橙的标准化产出，突破传统小农经济模式无法保证果实质量的问题。

褚氏农业的经营模式与管理模式最终是要依靠农户落实的，但是城市化进程使大量高素质的劳动力都集中在城市，这直接导致了褚氏农业的招人难问题。

面对这样的问题，褚氏农业通过数字化技术与标准化流程优化农户作业，包括引入新型技术与小型农机以减少人工在田间的工作量，建设选果厂替代人工选果作业等。褚氏农业通过信息化技术平衡人力与机械的作业，解决了劳动力不足的问题。

通过一系列的经营与管理改革，农户在褚氏农业的统一管理下，作业方式从以前的粗放型转向精细化，而在褚氏农业技术专员的指导下，种植方式也从以前依赖经验转向遵循科学技术，因此，农户的收入水平也有了很大的提升，生活变得更幸福。

褚氏农业的数字化实践不仅体现在数字技术充分赋能业务端，更体现在数字技术在产业端的深度应用。在数字技术的赋能下，褚氏农业精心安排种植与调整生产方式，其创新经营管理模式可以给诸多农业企业提供数字化转型经验。

主要参考文献：

[1] 陈春花. 褚橙，是传奇，更是科学[J]. 决策与信息，2015（15）：（170–171）.

[2] 姚敦团."褚橙"成功模式分析[J].中国果业信息，2018，35（9）：17–19.

[3] 清扬. 果园管理的艺术[J]. 中国果业信息，2021，38（3）：1–11.

[4] 葛继红，周曙东，王文昊.互联网时代农产品运销再造——来

自“褚橙”的例证[J]. 农业经济问题，2016，37（10）：51–59.

2008年，中国管理现代化研究会与金蝶集团联合国内知名商学院，以“让中国管理模式在全球崛起”为志，发起中国管理模式杰出奖公益遴选活动。而后由金蝶集团与陈春花教授团队共建中国管理模式研究中心，致力于通过结合学术研究与管理实践推动中国企业管理进步，代表性研究成果包括《数字化加速度》《解码中国管理模式》丛书等。

您能想起没有语音导航之前，我们是如何驾车找路的吗？科大讯飞的伟大，是让语音技术从昨天的不可思议，成为今天的习以为常。而作为一家高科技的人工智能企业，是否会有数字化需求和挑战呢？让科大讯飞的高级副总裁段大为为您揭秘科大讯飞的数字化建设之路。

NO.4

科大讯飞 段大为

携手数字化伙伴，用人工智能建设美好世界

科大讯飞股份有限公司
高级副总裁　段大为

科大讯飞股份有限公司（以下简称科大讯飞）成立于1999年，是亚太地区知名的智能语音和人工智能上市企业。自成立以来，一直从事智能语音、自然语言理解、计算机视觉等核心技术研究并保持了国际前沿技术水平；积极推动人工智能产品和行业应用落地，致力于让机器“能听会说，能理解、会思考”，用人工智能建设美好世界。

让世界享受A.I.的乐趣

LET THE WORLD ENJOY THE FUN OF AI

人工智能作为新一轮产业变革的核心力量，逐渐深度结合到各行各业，推动生产、分配、交换和消费等经济活动各环节的蜕变。根据艾瑞咨询发布的《2020年中国人工智能产业研究报告》，2020年中国人工智能核心产业规模超过1500亿元，至2025年预计超过4500亿元。在全部规模以上企业中，约有超过10%的企业已将人工智能与其主营业务结合。

作为中国人工智能的领军企业，科大讯飞长期深耕机器翻译、自然语言理解、图像识别、图像理解、知识图谱、知识发现、机器推理等领域，致力于通过技术的创新和迭代，实现规模化的推广应用。

科大讯飞基于“平台 + 赛道”的发展战略，始终坚持源头技术创新赋能产业生态，除聚焦教育、医疗两大与民生息息相关的领域之外，还覆盖智慧城市、司法、汽车、金融科技、运营商及个人用户的应用。科大讯飞高级副总裁段大为表示，他对在数字化驱动下人工智能产业未来的发展充满信心：“我们相信，人工智能将成为一项基础性的技术，与各个行业深度结合，改造传统的产业和应用场景，让各个行业发生质的变化。科大讯飞愿意做智能时代的积极参与者，贡献自己的一份力量。”

随着企业规模与业务的扩展、技术及市场环境的变化，科大讯飞面临着复杂组织业态带来的全新挑战。市场区域的拓宽、渠道体系的复杂，向企业精细化管理与内部协同水平提出新的要求，数字化建设成为科大讯飞运营及管理升级的重要驱动力。

落实“AI＋IT”管理策略，推动管理向智能化演进

面对新环境下企业面临的痛点，科大讯飞董事长刘庆峰对公司提出了新的要求，即通过实施“AI＋IT”的管理策略，提升整体管理水平。科大讯飞高级副总裁段大为说：“从企业管理的角度来看，科大讯飞是IT能力的使用者，拥有合作伙伴提供的大量管理信息化系统，而从另一个角度来

看，我们又是AI能力的提供者。过去我们的AI能力贡献给了我们的客户，主要通过产品技术解决方案为客户提供服务，而现在我们要用这个能力反哺我们自身的管理。这恰恰是我们近几年在做的工作，就是在‘AI + IT’理念的引领下，推动管理信息系统由信息化向智能化演进。”

在“AI + IT”管理策略的引领下，科大讯飞把智能技术与IT系统有效地结合，提升整个内部管理的智能化水平，替代重复机械的劳动，在提高工作效率的同时解决了管理的痛点。目前，科大讯飞已实现AI技术在财务领域的结合应用，如使用图像识别技术帮助员工快速录入信息，结合智能化引擎辅助财务审核，大幅提升了报销流程的便捷度。

在段大为看来，业务、财务等体系的数字化平台建设共同构成了整体管理体系的完善和升级，“其实类似从整片森林到具体树木的关系，存在这样的逻辑演进的过程。落到具体的一棵树上，既反映了公司整体的管理理念，又定位了整体与局部的关系；并且其中的举措和做法是处在动态优化和调整的过程中。”科大讯飞正是依据“AI + IT”的管理策略，对管理的各个模块和整体管理进行数字化建设，助力集团发展战略的落地。

段大为表示，以“AI + IT”为核心的管理，是科大讯飞在未来几年将进一步抓好、抓实的重点工程，也是公司练好内功、提升管理水平的重要方向。

打破“孤岛”连接断点，促集团管控数字化升级

人工智能作为新型基础设施的重要组成部分，将于“十四五”规划期间迎来发展的重要窗口期。科大讯飞作为人工智能行业的标杆，也踏入了快速发展的阶段。业务发展需求与集团管控水平不适配，倒逼企业在从信息化向数字化、智能化迭代的过程中快速发现问题、解决问题。

基于“一切围绕为客户创造价值”的企业价值主张，科大讯飞建立了核心业务集群。其业务集中于2B、2C类的解决方案，同时在消费者领域及运营方面也有其他业务形态。科大讯飞发现，集团初期的数字化建设以满足客户的需求为主，采用的是单点式的建设方式，系统间相互孤立，流程和数据存在许多断点，对业务的进一步发展造成了阻碍。

为此，科大讯飞开启了一系列的内部管理升级措施，包括打通主价值链、搭建数据中台、打造“数字驾驶舱”等。同时，科大讯飞也同多年的数字化伙伴金蝶展开合作，从战略规划的顶层设计出发，成功建立起对企业运营端、供应链端、渠道端和消费端的整体数字化把控。新一代企业级 PaaS（平台即服务）平台金蝶云·苍穹推出后，已成功应用到讯飞医疗的业务板块中。

在合作的过程中，金蝶产品的应用性及对用户的友好性给科大讯飞的有关负责人留下了深刻印象。金蝶所做的不仅是交付系统功能上线，还会积极探讨如何利用标准的产品，开发适合科大讯飞业务特色的解决方案，展现出极高的专业度。科大讯飞期待未来双方的合作进一步深化，让苍穹平台能为企业的更多业务赋能，快速定制所需的信息化支撑能力，一方面节约人力成本，另一方面大幅提升管理效率。

携手生态伙伴，用人工智能建设美好世界

科大讯飞和金蝶同为上海国家会计学院发起成立的智能财务研究院的成员。在过去几年的时间里，双方作为研究院的骨干成员，为智能财务的产学研一体化合作贡献了各自的力量。段大为表示，除了两家企业之间的合作，科大讯飞同样愿意与金蝶携手推进智能财务研究院内的多方合作，为人工智能在各个领域的深度应用共同努力。

“金蝶是一家令人尊敬的企业，在过去的很多年里，我们在多个具体领域有着非常好的合作。”除对双方的合作成果给予高度认可之外，段大为还表示，“希望金蝶可以越做越好、越做越大，不仅服务好中国的企业，还能进一步走出国门，服务更多国际企业。”

自成立以来，科大讯飞始终不忘初心，将“成就客户”摆在企业价值观的核心位置。“从微观层面上，要把每一个客户的具体需求做好，把握住每一单的交付。从宏观层面上，企业要有长远愿景，能够承担起一定的社会责任，在社会发展的重大命题上彰显与发挥企业的作用。”段大为表

示，“宏观和微观的结合，才是真正贯彻‘为客户服务’这个理念，既能够让企业战略落得更实，也能够支撑企业更长远地发展。”

人工智能在医疗和教育领域已经有深度的行业应用，但在企业数字化管理和系统软件的智能化方面还有广阔的发展空间有待探索。对此，科大讯飞更愿意通过开放合作的方式，与金蝶等企业强强联合，从各自优势出发拓展更多领域，通过有效发挥社会资源缩短探索的路径。“科大讯飞不仅是金蝶在人工智能领域的原型用户，同时也愿意作为能力的提供者，为更多行业客户的数字化赋能。”段大为表示，科大讯飞希望与金蝶强强联合，打造更有优势的产品，为中国的数字化转型贡献力量，实现用人工智能建设美好世界的愿景。

如今，一张张屏幕已经是每个人、每一天都离不开的主要信息来源。长信科技作为一家占据触控显示领先地位的制造企业，如何构建自身的数字化能力，让企业未来“触”手可及？让长信科技陈伟达总裁为您道来。

NO.5

长信科技 陈伟达

打造数字长信，触控创新未来

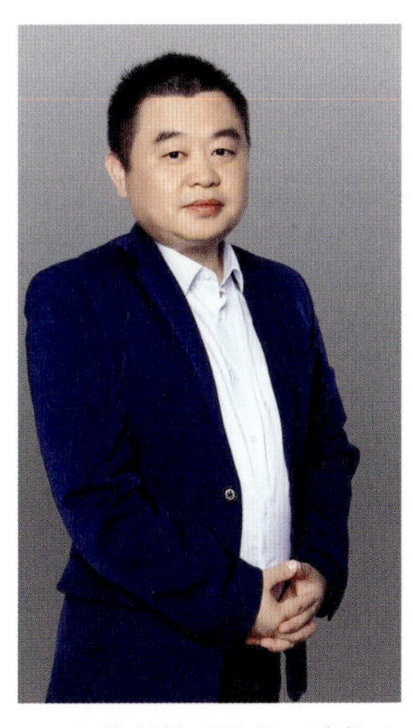

长信科技副总裁　陈伟达

芜湖长信科技股份有限公司（以下简称长信科技）成立于2000年，是一家专注于平板显示材料的创业板上市公司，总市值187亿元，员工两万余人。长信科技主要业务涵盖汽车电子、超薄液晶显示面板、消费电子、ITO导电玻璃。

在万物智联的时代风口之下，5G、工业互联网、汽车电子等市场需求不断更新，触控显示行业正迎来新的发展机遇。未来随着汽车自动驾驶、AR、VR及智慧城市、智慧工厂等新应用陆续普及，触控显示技术也将贯穿到下一代智能终端。时代风口带来的是机遇，也是挑战，国内触控显示企业正处于加速发展的拐点。

长信科技作为国内触控显示行业中的领军企业，是全球最大的ITO导电玻璃制造商，全球市场份额在25%以上；TFT液晶基板减薄也是国际上综合能力最强的，车载触控显示模组的综合实力位居国内前列。面对时代机遇，长信科技亟须在已建立的行业壁垒之上，基于技术优势和精细化管理，找到新的长信增长点。走数字化转型之路，提高企业管控的质量和效率、财务管理成本核算的精确度和风险预测的准确度，成为长信科技进一步巩固行业地位的关键。

企业快速增长，管理面临巨大挑战

长信科技成立于2000年，2010年5月在深圳创业板成功上市。长信科技专注触控显示领域的市场拓展与产品研发，形成了具有核心竞争力和行业领先地位的ITO导电玻璃（AR等光学镀膜产品）、触控Sensor、玻璃减薄、超薄玻璃（UTG）、玻璃盖板（消费类盖板触控显示模组、车载类盖板触控显示及全贴合模组）、LCM显示模组等优势业务，贯穿触控显示模组、超薄显示面板、真空光电镀膜三大领域，成为国内重要的新型显示关键基础材料与器件生产基地，是夏普、JDI、天马、OPPO、京东方、三星、群创光电、德赛西威、比亚迪等知名企业的核心供应商。长信科技不仅牢牢占据消费电子领域的行业领先地位，汽车电子业务同样发展迅猛，两大赛道拥有广阔的增长空间，为公司业绩的持续增长奠定了坚实的基础。

随着集团规模的日趋庞大，核心业务的产线持续扩张，战略执行落地和反馈的难度大幅提升，分、子公司在战略执行中容易信息不一致，亟须建立有效的数字化系统为企业管理赋能。长信科技副总裁陈伟达表示："公司在上市之后发展不断加速，目前旗下已拥有六大生产基地。由于集团组织跨度大，管理越来越复杂，集团化管控效率和质量的要求也在不断提升。"

流程标准化也是长信科技亟待解决的难题。长信科技集团内的各分、子公司分别上线了金蝶等其他厂商系统，涵盖财务、供应链、生产车间、OA、费用报销、人力资源管理。各公司间的数据标准不统一，系统间未能实现数据集成。还有相当比例的财务流程采用原始手工的处理方式，导致数据可视性差、汇总不及时，使信息反馈相对滞后，无法第一时间给战略决策提供有效支撑。

与此同时，集团财务管理面临着降本增效的迫切需求。此前财务工作主要聚焦在会计核算层面，随着业务的扩张，对财务人员的需求进一步加大，如何提升核算效率，有效控制管理成本，是集团财务管理需要面临的巨大考验。此外，长信科技的分、子公司都是围绕产业的上下游相互配套的企业，如何让这些企业高效协同，实现系统间集成，提升供应链的效率和效益，是集团面临的又一重大挑战。

高效协同，全面推进数字化建设

为满足集团管理升级、产业升级的客观要求，长信科技需要通过数字化转型，推动数据的互通互联，推动管理方式朝着多组织、多业态的方向转变，为业务发展赋能。长信科技与金蝶展开合作，一步步建立起了适应企业需求的数字化平台。

“早在2004年长信科技就与金蝶携手，在内部管理、运营效率等信息系统建设方面进行合作，有效填补了公司在供应链管理、固定资产管理方面遗留的漏洞。”陈伟达说，“但随着公司规模的快速发展，需要用技术架构更先进的ERP系统来满足集团的业务管控、数据共享、协同办公的管理诉求。”为强化公司集团化管控，从2019年起，长信科技通过金蝶云星空平台构建了集团统一的数字化系统，充分实现全集团的物流、资金流、信息流的高度统一，助力降本增效、业务受控的管理要求落地。

长信科技首先建立了集团统一的业财一体化管控平台，作为数字化建设的基础。过去，审批报表手工填写需要层层审批，财务人员需要每月收集各部门的单据，人工核算对应收账款检查是否超期；业务流程更是缺乏全面梳理，采购申请下单、到货管理、收付款都要对照单子逐条查看；仓储找料效率较低，原料浪费耗损较大。而如今上线并投入使用的新系统，既支持不同类型业务单体企业的产、供、销运作，人、财、物管理，确保企业物流、资金流、信息流“三流合一”，又支撑集团内各分、子公司间的物资调拨、跨组织采购协同、跨组织销售协同、跨组织制造协同管理。长信科技由此成功打通了集团的业务与财务，加强了集团管控，为集团决策提供更多支撑。

针对企业组织中心化建设的需求，长信科技构建了灵活、高效的数字化平台。长信科技专注于新型显示器件及材料的研发生产，同时计划延伸发展产品线，形成可穿戴显示模组、车载曲面盖板及触控显示模组的生产能力，满足未来市场需求，分、子公司的增加或整合势在必行。长信科技建成的数字化平台不仅能够支持灵活的组织设置和拆分，还能支持在系统上线后公司组织结构的拆分。无论是以采购、销售等职能部门中心化的拆分，还是产业链和职能部门的重新整合，都将更加便捷、高效。

对于一家工业制造企业而言，把生产系统和采购、销售、财务系统相连接，让信息系统赋能生产，是数字化建设的重要目标。为此，长信科技建立了以制造为核心的“横向到边、纵向到底”的企业智能化平台。在生产执行层面，将生产从计划节点到工序作业从上至下串联在统一平台上，及时、准确地反映生产过程。在质量管理层面，全面管控物流过程、生产过程的质量，并将质量管理延伸至供应商和客户，形成完整的产品质量履历。在成本管控层面，将成本管控贯穿公司的生产经营体系，实现成本的全过程控制及核算，满足项目模式下作业成本管理的管控目标。

数智驱动，助力企业“触控未来”

通过分阶段逐步推进“三步走”实施过程，长信科技成功建立了集团统一的数字化平台。该平台以强化公司集团化管控为核心，利用互联网技术、移动办公和信息集成方法，为公司各运作环节提供及时的管理数据技术支持，同时提供全面、系统、图表化的综合统计与数据分析，全面控制和核算质量成本，为管理层快速决策及加强管控提供科学依据，提高科学管理水平和集中管控能力。

从实际成效来看，长信科技启用了审批流对所有仓库进行统一管理，平台能够实时更新库存信息、物料状态，对新进物料仓位进行数字化管理并自动报错，进一步避免了原材料的损失，提升找料的工作效率。以前大量手工的财务报表也被如今的线上表单所取代，报销流程、发票审核等日常业务的效率大幅提升。目前，长信科技的凭证自动化率达到98%，流程审批效率提升60%以上。与此同时，集团主数据准确率达98%，成为集团决策的有力支撑。陈伟达表示："金蝶云星空系统引入后，帮助我们通过集团统一数字化平台支撑决策。集团决策层能够随时得到全集团的动态经营数据，利用ERP系统分析报表功能，协助企业进行正确、迅速的决策。"

在数字化能力的加持下，长信科技得以与遍布全球的中高端客户在技术研发和业务升级等方面同步发展，保持了在中高端客户市场中的强大竞争力。长信科技将继续通过技术优势叠加内控管理，持续推进数字化建设，更好地满足不断提升的客户及市场需求。

"目前长信科技在中国消费电子行业市场占据领先地位，减薄和模组业务的市场份额均位于前列。汽车电子已经为公司接下来的发展奠定了非常好的基础，未来公司的业务增长需要靠内部管控、技术研发及系统建设等方方面面共同施力。”陈伟达表示，在5G技术普及的大背景下，触控显示行业涉及的上下游产业链都表现出了互联互通的发展趋势。长信科技希望通过数字化建设助力赋能，让企业不仅保持在消费电子领域的优势，更能在汽车电子领域取得新的里程碑，在触控显示行业实现健康、快速、稳定的增长，达到“显示现在，触控未来”的企业愿景。

2021年，浙江省交通投资集团，首次进入《财富》世界500强，列第433位，是金蝶服务的又一家世界500强企业。浙江省交通投资集团数字化转型总顾问、数字场景研究院傅哲祥院长为我们用生动的语言描述了浙江省交通投资集团数字化转型的探索。

NO.6

浙江交通集团 傅哲祥

以财务共享为点，畅谈数字化转型

浙江省交通投资集团数字化转型总顾问、数字场景研究院院长
傅哲祥

浙江省交通投资集团有限公司（以下简称浙江交通集团）是一家吸纳省交通厅其他四家企业组建成的省级交通类国有资产营运机构。2021年，浙江交通集团实现营业收入2914.51亿元、利润总额146.16亿元，同时获得惠誉“A+”、穆迪“A1”国际信用评级，达到中国国家主权级，并首次进入《财富》世界500强，列第433位。

浙江交通集团于2001年12月29日注册成立，是根据浙江省人民政府要求，以原浙江省高等级公路投资有限公司为主体，吸纳省交通厅其他四家企业组建而成的一家省级交通类国有资产营运机构。截至2021年年底，浙江交通集团控股各级企业346家，控股上市公司5家，在职员工总数4万余人；资产总额7533.55亿元，净资产2440.93亿元。

随着集团业务不断发展，亟须搭建统一的财务共享与财务大数据分析平台，实现业务全面在线、自动及交易规范处理。浙江交通集团于2020年7月在金蝶云·苍穹上构建财务共享服务平台，借助金蝶云·苍穹新技术力量，逐步完成降低财务处理成本、提高服务质量和效率、加强集团风险管控、促进财务职能转型、提升财务价值支撑、实现业财融合，以适应数字时代的发展需求，在新一轮产业竞争中制胜。

企业数字化转型面临的困境及趋势挑战

随着新一轮工业革命的兴起，云计算、物联网、大数据等新兴技术快速发展并融入各行各业，以数字化、网络化和智能化为实践目标的企业转型升级征程已经开启。面对新的业务形态、商业模式及产业竞争环境，企业亟须转变传统的管理思维，借鉴成功的行业数字化经验，通过吸收新的数字化方法论，降低转型升级过程面临的阻力及失败风险。

在当下企业信息化发展背景下，企业对数字化转型的探索普遍存在（内、外）两个层面的问题。

在内部层面，随着企业规模的扩大，业态丰富，控制手段、管理效率、预见未来的难度愈来愈大；相反，业务与业务、企业与企业、企业与市场的关系愈来愈复杂。面临着三大难题：一是管理、控制、洞察的方法（受传统理念、传统环境的影响）主观、简单；二是管理、控制、洞察所依赖的数据单一、失真、滞后；三是承载管理、控制、洞察的组织交叉、复杂、低效。

在外部层面，企业的生存环境和底层商业逻辑发生了根本性变化，包括八个方面：一是商品从短缺到过剩；二是资源从供给到需求，过去企业将实物商品或生产能力当作资源，未来“市场（客户）需求”是资源；三是沟通从“面对面”到网络，技术使世界变得更平了；四是业务从“单一链”到跨界融合，从而促使企业从联结“上下游”到构建业务“生态”；五是会计从静态到动态，从二维财务账本到多维数字账本；六是管理从封闭到开放，从“闭环”到“联结”，从“端到端”到穿透“映射”（即财务作业与业务作业动态协同、财务逻辑与业务逻辑动态映射、财务规则与业务规则动态融合、财务数据与业务数据动态联结、财务系统与业务系统动态耦合）；七是组织从层级式的、以“专业”为核心的“分人、分岗、分利”组织框架转向以“业务生态”和“协同”为目标的“扁平化”“合成团队”结构；八是财务数字从“货币”到“镜像”，通过将“业务逻辑”转换为“作业规则（协议）”并模型化，嵌入系统，让系统自动还原业务的最佳运行轨迹，最大限度地减少人为干预。

数字化的本质是联系、沟通、透明、分享及集体行动。而数字化的价值在于改变企业原有的业务模式、运行机制，实现资源高效配置，进而重塑企业的管理理念、组织架构、治理方法与权利分配。所以，它需要企业对传统业务架构、治理体系及组织架构进行自我革命。这不仅需要企业具备打破传统业务架构、管理体系及组织架构的魄力和决心，更要有不畏失败的担当和勇气。

如何实现数字化突破并达成转型目标

如何更高效地推进数字化转型，降低推进过程面临的阻力，以及避开转型过程可能出现的误区？这是当下很多企业普遍高度关注的话题。对此，给企业提供三点建议。

第一，对任何一家企业而言，数字化转型都是一个全新的征程，与工业化时代的“研、产、供、销”闭环管理模式、方法、技术有着本质区别。这要求企业管理者转变思维、观念，多从行业相关性、业务连续性与数字化转型、内外信息链接中吸收知识，重构知识体系与提升认知能力。

第二，企业数字化建设必须先弄清楚自身的方向和需求，厘清业务与业务、业务内部与外部的相关性，为此必须开展“业务”的顶层设计，通过构建业务架构厘清业务相关性，从业务相关性中建立“业务临界值（阈值）”；从业务临界值（阈值）筑起企业的应用架构（规则和指标体系）；

从应用架构梳理数据架构（包括标签、数字、标准、模型）。

第三，在“业务”顶层设计时，务必遵循“二八法则”，即80%的工作必须由企业自己完成——即企业的业务架构、应用架构、数字架构，剩下的20%（技术架构）由企业与技术厂商协同完成。

这很好理解，企业面临的痛点只有企业自身最清楚，但他们可能很难清楚地表达需求，即便能完整地表达，这个需求还需要让技术部门理解。否则，就难以转换为系统后台代码。比如，某业务部门提出一个系统资金需求，列了一串指标给技术部门，为支撑起业务需求，技术部门必须弄清楚数据源在哪？数据标准是什么？如何获取？如果仅仅是通过Excel表格导出，那么因为数据标准差异、获取时间滞后，该系统即便建成，其客观性、及时性、一致性、完整性也不可能达到预期效果。再如，业务人员要为某项业务设定“红绿灯”预警功能（从单纯的技术角度，已非常成熟），但对技术人员而言，要实现这一业务功能必须考虑预警的“数据”是什么？“阈值”是多少？数据从哪里来？由哪些指标构成？各指标间的关系是什么等。这些只能来源于企业业务实践，所以它必须由企业自身来完成。

换言之，数字化应用落地是需要技术和业务深度融合的，这是前提。然而“需求”及“需求之间的关系”应当由企业自己明确，而技术可以借助专业IT厂商实现。只有业务需求和IT技术双方达成共识，数字化应用系统建设才能真正落地。

在推进数字化转型过程中，浙江交通集团与金蝶的合作堪称行业标杆。当初，浙江交通集团在决定推进数字化转型时，就是将财务共享作为企业数字化转型的一个起点，通过财务共享建设倒逼集团数字化转型。但现在看来，还是有不少挑战。但通过浙江交通集团财务数字化实践表明，金蝶云·苍穹（即拆分后的金蝶云·星瀚）可算是时下国内能够应用于业务实践比较理想的数字化平台之一。

目前，浙江交通集团使用了苍穹云平台30个云服务中的11个，占36%；其中，11个云服务共有60项功能，浙江交通集团使用了52个，占了87%。这只是产品方面，在人才和资源配备方面，为了支撑浙江交通集团以财务共享倒逼数字化转型的战略，保证财务数字化的落地质量，金蝶不仅派驻大量技术人员参与到项目中来，深入企业内部了解业务需求，针对浙江交通集团在实施过程中提出的具体想法，都能第一时间快速响应，并一起面对困难和商讨解决方案，双方团队基本实现了无缝对接。

浙江交通集团可以与业界同行分享一个比较关键的数字化实践经验，即企业数字化转型不能过度依赖软件商和咨询服务机构。因为随着企业数字化转型的深入，特别是智能工厂的实施推进，每家企业的业务现状和需求都不一样，可谓千人千面。作为企业，传统的业务（管理）人员尚无足够的能力从技术的角度看待业务需求；同样，作为咨询服务机构和软件商，技术人员也很难从业务需求的层面去深挖技术，这很容易致双方在理解上出现偏差。

正因如此，才需要有更多的IT厂商愿意长时间深入企业现场了解业务需求，并为此投入超出短期业务回报的人力、技术和资源去配合。只有让技术人员更懂业务，业务人员理解技术，才能让企业乃至整个社会的数字化向更深层次发展。

技术与业务深度融合推动数字化行稳致远

如果软件技术厂商不能就某一问题与企业达成共识，那么就不可能建成满足企业需求的智能系统，只有业务与技术达成了一致，数字化应用落地才有可能。

换言之，要让企业数字化行稳致远，在更大范围内让业务与技术达成一致，最重要的就是让技术人员更懂业务，业务人员能理解技术。这就像当下企业关注IT与OT融合一样，只有让IT人员更懂生产业务场景，才可能推动IT管理业务与OT生产业务的对接，为未来的智能工厂打下基础。这依赖IT

厂商能理解不同行业的OT业务需求，并通过技术手段简化工业系统的构建实施。

随着金蝶对浙江交通集团业务需求理解的不断深入，以及双方合作的不断深化，浙江交通集团也对金蝶提出了新的需求。这个过程是从“毛坯房”向“精装房”的需求进化。现在市面上软件技术厂商提供的大多是“毛坯房”，你要使用，必须进行精装修。这就意味着企业需要对业务架构、内外关系及业务间的相关性进行重新梳理，使数据结构化，让数字真正产生价值，如此才能为企业赋能。

作为浙江交通集团多年的软件技术提供方，金蝶对浙江交通集团的业务理解已经投入了大量的资源，且基本形成了共同的理念。希望在此基础上，金蝶能及时总结不同场景的需求特点，如零售企业的应收账款、基础设施企业应收账款、物流大宗贸易企业应收账款的属性、特征、差异，然后通过技术把这些行业知识以数字化的形式储存起来，为将来造出“精装修”软件奠定基础，则能够更深程度地为浙江交通集团甚至其他相关行业企业数字化赋能。

数字化转型就是要把数字化技术真正应用于企业管理的实践中，指导企业朝智能化方向发展。未来，希望金蝶以与浙江交通集团的合作为契机，一方面通过技术与业务的深化融合助推浙江交通集团数字化转型走向深水区；另一方面积极探索从“毛坯房”向“精装房”的软件产业发展新路径，借苍穹之力提升企业数字化战斗力，为更广泛的行业数字化转型升级赋能。

过去几年是房地产行业发展艰难的时期，而越秀地产通过与金蝶合作，推动数字化转型，提升了自身效能，走出了一条房地产数字化转型的实践之路。越秀地产财务管理中心副总经理兼财务共享中心总经理徐建辉在此篇文章中，分享了越秀地产数字化转型的经验。

NO.7

越秀地产 徐健辉

创建财务共享闭环，数字化赋能房企高质量发展

越秀地产财务管理中心
副总经理兼财务共享中心
总经理人　徐健辉

越秀地产于1983年成立，1992年于中国香港上市。越秀地产多年坚守“成就美好生活”的品牌使命，始终以客户为中心，践行“商住并举”的发展战略。截至2021年年底，越秀地产的总资产超3000亿元，总土地储备约2800万平方米，在职员工超一万七千人。

随着“三道红线”“两集中”等政策先后落地，众多房地产企业内部的传统管理模式已无法适应企业当前的发展需要。为寻求高质量发展，房地产企业急需通过数字化转型提升自身的管理效能。而在这方面，有一些房地产企业早在几年前已提前布局，走在了行业的前列。比如，越秀地产就通过建立财务共享中心支撑起自身的集团决策，促进了公司整体管理效能的提升，并增强了全体员工的幸福指数，从而成为房企数字化转型浪潮中的佼佼者，为房地产企业的数字化转型指出了一条可供参考的路径。

循序渐进，打造“前、中、后”齐备的财务共享闭环

2009年，越秀地产开始由一家区域性房地产公司向全国性房地产企业发展。随着企业规模的不断扩大，销售金额也随之快速增长，这对于越秀地产的财务管控提出了更高的要求。2016年8月，越秀地产正式决定与金蝶合作，开启财务共享的筹备工作。

在进行数字化转型之前，越秀地产并未尝试财务共享模

式。而恰巧在2016年，金蝶推出了一个超共享的测试板。作为金蝶的老用户，越秀地产从中看到了契合点，大胆启用，历时三年多打造覆盖“敏捷前台＋共享中台＋稳固后台”的财务共享闭环。

越秀地产为财务共享闭环打造了三层架构：前台业务系统、中台数据共享平台和后台数据核算系统。业务前台需要灵活敏捷，可以随时上线，才能有效应对日益复杂的经营环境；中台要统一标准，无论任何业务系统都能快速接入共享平台并享受服务，成为贯通业务与财务的桥梁；后台的数据核算系统要足够稳定、安全，从而为企业管理层的管理与决策提供有力支撑。

越秀地产财务共享中心负责人徐建辉表示：“财务共享中心的建设，经过了先易后难、循序渐进的过程。首先上线的是费控共享系统，让前端的业务人员享受到财务共享的便捷；之后依次攻克对公业务共享和应收共享两大难关；最后打造总账共享，完成财务共享闭环。而采用这一先易后难的建设模式，不仅更加灵活，还能满足不同财务线员工逐步进行业务转型的需要。”

“另外，越秀地产在财务共享中心的建设过程中，还集成了金蝶自主开发的发票云等工具，这些工具为财务共享提供了巨大的便利。越秀地产通过发票云在税务总局的平台上下载了多达29项票据信息，令前端业务系统的信息校验变得更加便捷。同时发票云提供的审核功能，还能高效辨别票据真假、重复报销等问题，从而将财务人员从原本繁复、低效的日常工作中解放出来。”

财务共享支撑集团决策，案场工作增效30%以上

在这个数字化时代，所有企业都面临着庞杂数据的轰炸，而如何从这些数据中准确找到企业管理的钥匙，就成为决定企业未来发展的关键。财务共享闭环的建成从管理层面为越秀地产带来了四点好处：一是为集团的决策提供了有力

支撑；二是支持企业业务的快速扩张；三是为企业提供了可靠的风险防控屏障；四是提升了企业的整体经营管理效率。

房地产企业的特性决定了资金量的巨大，而动辄数亿、数十亿的资金数据，是集团在进行关键决策时最重要的参考。财务共享的一个侧重点是确保数据的及时性、准确性和高效性，以及多数据的集成性。打通板块各业务系统与集团共性系统的数据通道，可以保证每项数据可追溯、可穿透。业财全流程线上管理杜绝了手工台账，财务核算凭证自动生成、房款收入自动对账、财务数据自动反写业务系统，更有效提高了数据的准确性。这使越秀地产财务共享中心可以实时掌握企业的资金使用、回笼情况和资金具体流向，为集团决策夯实了基础。

房地产企业在进行业务扩张时，最怕没有统一的标准，财务的混乱不仅抑制了业务的展开，还会为企业带来巨大风险。而共享平台的快速准入机制，明确了财务共享的标准，从而为企业业务的快速扩张铺平了道路，并为企业的风险防控铸就了一道屏障。财务共享上线后，能够提供费用制度、财务共享专户、行政组织架构、员工信息、预算模板及汇总关系和报销权限等多方面的标准化指导。新建法人机构完成业务标准化和初始化后，财务共享可在两个工作日内完成配置，为新建法人公司提供全套财务管理服务，既无须增加财务管理人员，同时也能促进业务的快速理顺与展开。共享中台统一对接各业务系统，不仅内嵌公司权责管控体系与标准业务单据，还集成了预算管控、合同校验、发票验证、报销标准、敏感词库、费用资金池等工具，做到流程、单据和数据统一、规范、标准，令越秀地产的收付款业务纠错率两年来下降4%以上。

在越秀地产原本的组织架构下，业务数据与财务数据壁垒分明。数据的不同步，拉低了企业的管理效率。财务共享的上线打通了信息孤岛，业财一体的共享中台统一对接业务前台，集成HR系统、智能收款POS机、定制开发RPA等模块和工具，实现POS收款100%自动匹配，财务实收款确认时间大幅缩短。销售、成本和财务共享三个系统数据穿透、匹配和实时回溯，收入和成本自动匹配，案场工作增效30%以上。

举例来说，财务共享中心的应收组作为智能化程度最高的团队，在财务共享平台的支持下确认及处理近千亿元应收账款，凭借准确和高效成为越秀的团队标杆。此外，由于房地产行业营销费用占比较高，财务共享中心专门成立了营销费用组，单独负责广告、宣传及活动费用的管理，为企业运营中的具体需求赋能。

报销三日到账提升员工幸福感，回报社会，成就美好生活

财务共享的上线不仅提升了企业的管理效率，还提升了企业员工的幸福感。以所有企业中最常见的报销为例，越秀

地产作为国企，有严格的内审机制，原本流程较长，员工报销费用时长，多则一个月，少则一周。而在财务共享上线后，员工日常报销的效率得到了很大的提升，在合规前提下，员工提交报销凭证后三天即可到账。

另外，财务共享的上线还令出差变成了一件很轻松的事。原本越秀地产的员工出差不仅需要自己订票、订酒店，出差归来后还要拿很多报销凭证依次报销和领取出差补贴。而财务共享上线后，积极与差旅平台进行对接。如今员工出差，订票、订酒店都会由财务部门在差旅平台上进行预付，员工只要带上一张身份证就能完成行程。归来之后，出差的员工也不用拿着票据找财务部门报销，财务共享中心会直接与差旅平台进行结算。这大大方便了一线员工，提升了员工在越秀地产工作的幸福感。

财务共享的上线还在新冠肺炎疫情期间为越秀地产践行企业的社会责任做出了巨大的贡献。首先，财务共享确保了所有接入的同事都能在家中安全办公；其次，财务共享保障了所有越秀地产员工薪酬的按时正常发放；最后，也是最重要的一点是，越秀地产在交通中断的前提下，通过财务共享远程办公，顺利结算工程进度款，保障全国近百个在建项目工地农民工工资的发放，为广大因疫情滞留又无法开工的农民工免除了后顾之忧。

对于践行企业的社会责任，越秀地产有个非常好的口号，即“成就美好生活”。财务共享的顺利上线让“成就美好生活”变得触手可及。

其实目前已经完成的财务共享，只是越秀地产数字化转型计划中的一环。越秀地产在财务共享的数据闭环基础上，下一步重点考虑进行大数据的治理，力争依照不同业务的不同需求，为管理层输出更多管理数据。

目前越秀地产旗下的越秀服务已与金蝶展开战略合作，正逐步将自身的物业系统迁移至金蝶的苍穹平台。尝试将行业上下游的更多业态集成整合并接入共享中，显示出越秀地产在地产数字化方面拥有更大的“野心”。

云天励飞的创始人陈宁博士是一位我尊敬的行业专家，他在中国的人工智能和集成电路领域有非常多的建树，也为城市安防提供了一系列的人工智能解决方案，为许多破碎的家庭带来了希望，为人们的幸福生活和社会安定提供了一道智能的防线。这篇文章，通过采访云天励飞董事、CFO兼董秘邓浩然总，描述在这样一家先进的人工智能企业的背后，数字化管理为其带来的价值。

NO.8

云天励飞 邓浩然

一个AI独角兽的数字化飞跃

云天励飞董事、CFO兼董秘邓浩然

深圳云天励飞技术股份有限公司（以下简称云天励飞）成立于2014年8月。作为以星云平台为核心，致力于实现AI的泛在与普惠的人工智能平台公司，云飞励天通过AI技术进行物理世界结构化，打造数字孪生城市。

2021年12月初，很多人被一则消息触动。电影《亲爱的》原型人物孙海洋夫妇找到失散的儿子孙卓。

2007年，四岁的孙卓在深圳市被拐。为了寻子，孙海洋走遍全国各地，历尽14年艰辛，大团圆来得不易。

如今在AI、算法等科技的加持下，打拐手段不断升级，寻找失踪人员不再如大海捞针。

2017年的大年二十九，深圳坂田派出所接到一起儿童走失警情，专案视频组通过海量大数据检测、比对和跟踪技术，案发15小时内就找到被拐儿童。大年三十，这个家庭重归团圆。

这起案件中提供技术支撑的正是云天励飞。2014年，云天励飞董事长兼CEO的陈宁受打拐题材电影《亲爱的》触动，产生借助人工智能帮助寻找失踪儿童的念头。

2015年，云天励飞推出动态人像识别系统“深目”，迄今已协助公安破获各类案件数万起，协助找回400多名走失的儿童和老人。

从AI安防起步，云天励飞的目标是打造自进化城市智能体。提质、增效、降本是人工智能在城市进化中发挥的作用。而作为一个正在冲击IPO的“独角兽”企业，云天励飞在内部同样进行技术加持，以提升竞争实力。

数字化成为云天励飞弯道超车的新引擎。

创“芯”起飞

云天励飞是一个技术型海归创业的故事。

陈宁是中国第一款商用矢量处理器芯片设计者，美国佐治亚理工学院博士。为了将研发的AI技术进行应用场景落地，陈宁回到深圳市，与几位工程师组成的创始团队一起，成立云天励飞。

创业艰辛，万事开头难。云天励飞诞生之初，人工智能尚未普及，应用场景偏少。一开始，团队就找准了具有大量视频监控需求的安防赛道。基于核心产品“深目”系统，深耕公共安全、公交、边检、社区、校园等各类场景，并由深圳市复制到国内100多个城市中。

陈显炉是云天励飞的001号员工，现任供应链体系副总经理。他回忆，公司创立第一年，大家过得比较苦，但为了同一个愿景都乐在其中，“当时我们经常叫一个酸菜鱼或者水煮牛肉外卖，七八个人一起吃。”

项目交付时，由于人手不足，陈宁经常需要亲自跑现场，与客户讨论需求。陈显炉记得，早期一个项目与地铁有关，设备部署只能在凌晨1点到4点之间，所有人照样干劲十足，“从一个员工的角度来说，我觉得我们在做一件有意义的事情。”

新冠肺炎疫情突袭而至，人工智能技术大有用武之地，云天励飞也参与其中，推出一款人脸识别的智能测温设备，并以此为基础，打造了疫情监测与数据分析平台。迄今该款智能测温设备遍布于深圳市6300多家零售药店及部分农贸市场、交通枢纽、社区。

云天励飞董事、CFO兼董秘邓浩然解释，“人们进入药店时，设备会自动对人员进行测温；如果购买了退烧药、感冒药等药品，购药者还可以直接通过该设备登记信息，而过去这个工作都是靠药店的工作人员用纸和笔记录，再录入电脑里的。通过这台设备记录的测温、购药等信息，会在后台与其他的疫情相关数据打通，为防疫相关部门提供数据采集、哨点监测、研判预警、闭环流转、辅助流调等全方位的服务。”

在安防领域之外，云天励飞也将业务拓展至更宏大的城市治理，希望通过AI打造自进化城市智能体。“自进化城市智能体体现的是把原来微观的AI载体扩展成整个城市，把一个城市作为AI载体。”邓浩然说。

勾画宏伟蓝图，云天励飞的底气在于端云协同、算法芯片化两大核心技术，基于此，其拥有可以系统落地各种应用场景的能力。

如今，云天励飞的AI技术已经渗入城市运营和新商业的诸多方面。

以其为深圳巴士集团打造的巴士智能线路优化系统为例。过去，公交车派班多靠主观意识判断，该系统可分析各站点上下车人数、城市居民通勤距离和时长等数据，并为站点规划、运营路线优化提供建议，“通过这个系统，我们帮助深圳巴士集团提升了20%左右的巴士运营效率。”邓浩然说。

补足管理短板

伴随着应用场景的商业化落地，云天励飞过去几年快速崛起，从最初仅几个人的初创公司，成长为规模近800人的“独角兽”企业。2018—2020年，云天励飞收入由1.33亿元增至4.26亿元，几乎每年翻一番。

业务和人员规模的增长使公司架构、运作流程日益繁杂，在管理上的挑战与日俱增。

陈显炉坦言，人工智能企业的特性在于，商业模式还未固定，需探索不同的应用场景，客户和项目多样化，产品更新迭代快，组织成员构成相对年轻，注重高效率。云天励飞的业务主要由项目驱动，管理模式以项目为中心，需根据客户需求快速反应。

在创业早期，云天励飞的业务规模和数据量少，项目报价、立项、预算、结项、服务等都是手工记录实现，采用Excel就能搞定。随着公司越做越大，项目越来越多，手工方式数据分散、效率低的短板逐渐暴露出来。

信息化、数字化成为云天励飞的必修课。“ERP是企业做到一定规模后的必然选择。”邓浩然说。

一开始，云天励飞引入的是国外业务供应链系统，很快发现它难以满足初创型科技企业的需求，存在“水土不服”的问题。比如，在应用过程中，国外系统难以与项目、售后、条码、费用报销其他系统打通，彼此之间数据割裂、无法协同，也难以进行集中性的数据挖掘。

2019年，云天励飞与金蝶建立合作，开始新一轮数字化探索。转型意味着破旧立新，云天励飞内部也一度经历了阵痛。

“当时推进这个项目时，最大的阻力在于每个部门都提出了一套自己希望的运作规则。”陈显炉解释，建立数字化平台需要将各部门串联，与部门原有的行事规则冲突，云天励飞在制定规则时需满足不同部门的“口味”。几经磨合和沟通，才达成一个各方都接受的方案。

“质的飞跃”

历时四个月的建设流程，2019年7月，云天励飞通过金蝶云·星空搭建的以项目管理为核心的业财一体平台上线，不仅实现从线索到收款的全流程管控，还打通了供应链、财务核算，做到基于项目的一体化管控。

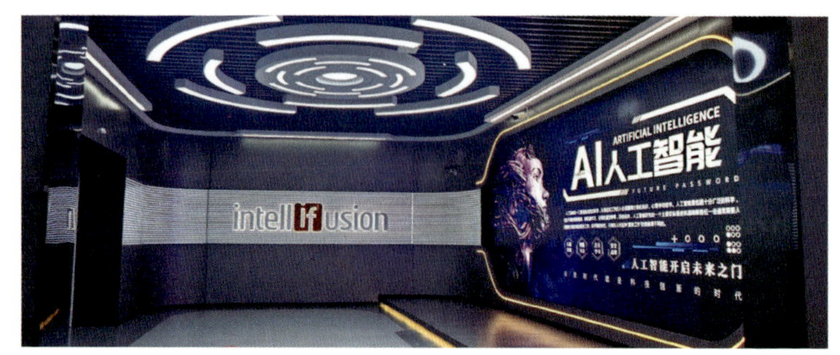

陈显炉说，新平台带来的效率提升是“质的飞跃”。

“ERP解决的其实是信息流、资金流和物流的问题。”陈显炉表示，如在信息流端，早期使用其他厂商系统时，信息传递多靠发邮件，项目成员之间常衔接不畅，“比如你发邮件做了备案的内容，有可能没有抄送给下一个环节的成员，那么他是没有办法辨别和确认的。”

基于业财一体平台对项目的全周期管控，公司成员可以随时跟踪项目进展，“从项目商机线索获取到立项、合同、订单，再到发货、出库，基本可以实现整个链条的信息闭环。”

平台之中，云天励飞内置了商业智能分析（BI）及星空移动端的应用，便于管理层了解各个项目的进展情况。

邓浩然开玩笑说，新系统上线后，最大的变化在于他可以7×24小时上班，通过一部手机移动终端，即可完成各种流程审批，随时掌握公司所有信息，做出精准的判断和决策。

金蝶中国助理总裁韩革缨提到，除了标准化产品，基于金蝶云·星空产品平台的低代码开发能力，项目交付团队还快速完成了相关定制开发工作，满足了云天励飞的个性化管理需求。

比如，云天励飞项目交付团队研发了一套流程审批信用系统，与金蝶的云之家、ERP联动后，可以根据流程节点的停留时间、出错率等指标，为每个成员评估一个信用分值，信用值越高，说明越可靠。

在云天励飞的设想中，数字化并不是变革的终点，智能化将是下一个方向。

“在现有基础上，未来或许可以增加一定程度人工智能的判断。”邓浩然举例，“比如A员工的信用比较好，他如果要报销一些餐票，如果AI是我的身体或者灵魂的另一部分，他应该会自动审批。”

“云天励飞提出自智化城市智能体的概念，就是想让城市越来越聪明，EPR系统到未来也有可能越来越聪明。”陈显炉也表达了对智能化进阶的期待，“比如基于目前的信息流，能否挖掘一些更深层次的辅助预测功能，如根据A产品今年的订单量，反倒推之后的供应链，帮助采购提前介入、库存提前预警。”

这需要云天励飞与合作伙伴共同探索。韩革缨表示，智能化应用也是金蝶云产品重点研发的方向，未来希望利用数据、算法、算力，进一步提升整体运营管理及供应链管理的效率。

邓浩然说，中国人工智能行业完成了“技术找场景”阶段，如今正处于“向场景反哺技术”的第二阶段。未来，云天励飞希望抓住“场景寻找技术”的第三阶段，基于算法、芯片核心能力打造一个AI平台，向千行百业赋能。

数字化、智能化带来了可期可见的“未来之城”，也让云天励飞“飞”向更广阔的天地。

新冠肺炎疫情对旅游业冲击尤为严重，如何利用数字化能力在重重挑战中杀出重围？重庆海外旅业集团财务中心总经理刘俊分享了一家大型综合性旅游企业是如何应对挑战的。

NO.9

重庆海外旅业 刘俊

强化共享服务，成就卓越绩效

重庆海外旅业集团财务中心
总经理　刘俊

重庆海外旅业集团有限公司（以下简称海外旅业）是中国大型综合性旅游企业集团之一，其品牌“旅游百事通”享誉全国。2016年，“旅游百事通”获携程战略投资，至2018年年底，三大品牌门店总数已破8000家，为消费者提供线上线下相融合的现代化服务体验。

对于业务全国布局、体量快速扩大的集团公司，如何提高风险管控与统筹整合能力？如何应对经营管理体系与企业文化建设提出的新挑战？在竞争激烈的行业中，如何提高产品和服务质量，同时节约成本，杀出一条康庄大道？面对突如其来的新冠肺炎疫情，怎样进行管理运营工作？如何迅速恢复业务的开展？以上问题存在于各行各业公司的日常经营管理过程中，而对于老牌大型综合性旅游企业集团海外旅业来说更是在面对行业特殊性的挑战。鉴于此，海外旅业携手金蝶，通过数字信息化系统的建设逐一击破上述难题。

海外旅业是中国大型综合性旅游企业集团之一，以历史悠久、规模宏大、服务上乘、信誉良好而名扬国内及国际旅游市场，其品牌“旅游百事通”享誉全国。2016年，“旅游百事通”获携程战略投资。至2018年年底，三大品牌门店（旅游百事通门店、携程旅游门店、去哪儿门店）总数已突破8000家。为广大消费者提供线上与线下相融合的现代化服务体验。

面对集团管控、业务拓展和财务管理的新挑战，金蝶为海外旅业个性化定制专属的数字化平台，协助海外旅业在重庆建立了集团财务共享中心，统一为全国机构提供财务服务。

以财务共享中心为核心打造数字化平台，实现业财一体互联互通

业财融合：财务与相关业务前端实现全流程融合

过去，海外旅业像众多规模大、机构多的企业一样，财务管理痛点之一是处理业务的时间成本高，再加上财务人员的素质参差不齐，财务人员忙于日常核算工作，长期以来财务的功能只停留在资金收付款、账务和报表处理等基本事项中，无法全身心地投入高附加值劳动，对企业战略支持作用有限。

海外旅业选择以金蝶EAS财务共享系统为核心打造自己的数字化平台，并与海外旅业的业务系统进行无缝集成，有效实现财务与业务前端的全流程融合。海外旅业的前端业务系统主要负责客源开拓、登记、合同及结算业务，所涉及的

业务数据，如基础资料主数据、门店收付款、供应商收付款、旅游订单、对账单等业务单据，通过金蝶EAS集成平台的数据采集、加工、转换，系统自动调用凭证规则，定时自动生成金蝶EAS系统的财务凭证，解放财务人员的基础工作，大大提高财务效率。

银企互联：企业与开户银行实现直接链接，自动办理结算

过去，众多银行巨大的资金流收支，都是通过人工对账，靠手动排序、筛选，费时费力，准确性还不一定高，对于财务人员来说确实很痛苦。并且，在激烈的市场竞争中，每一块职能的效率提高，都能为企业赢得更强的竞争力。为了提高资金管理的时效性，海外旅业利用金蝶EAS系统，实现了企业和开户银行直接链接。在费用报销审核通过后，自动生成付款单，出纳审核单据，通过CA认证后，提交银企付款，银行交易信息返回费用报销单，根据银行交易状态进行费用核算（自动凭证生成处理）。

企税互联：企业与金税三期直接连接，自动办理税务事项

在财务系统中，发票验真查重、进项税发票认证等细节繁多的工作占据工作人员大量时间。海外旅业利用金蝶EAS系统，深度整合税务系统，员工可以通过移动应用扫码、拍照自动解析发票影像、自动查验发票真伪并获取发票的结构化数据，并自动对异常发票进行预警和提示。包括自动对应发票抬头与税号是否一致的审核，是否重复报销发票的审核，发票数据是否是税务机关检验一致的审核等。此外，系统可通过审批节点及权限控制机制，随时调阅影像附件，便于影像查阅和审计。

企企互联：企业与供应商及客户实现互联

行业价值链的本质不在于占有，而在于链接。提高企业的效率，还需要加强与企业上下游的链接。海外旅业通过金蝶EAS，实现了集团连接伙伴、连接供应商，即通过金蝶EAS系统，客户、供应商信息可与行名、行号互联，集团实现提交“对公支付”后可直接付款，无须手工维护客户、供应商的收款信息，从而提高了业务效率。

财务共享中心核心应用场景

业财一体化应用

面对管理全国8000家线下门店的压力，集团总部的风险管控与统筹整合能力至关重要，大量业务数据采集与分析的时效性与财税业务处理效率十分关键。

自从有了数字化平台，海外旅业旗下8000多家门市费用在费用报销审核通过后，支付数据在业务系统和EAS间传递，自动生成付款单进行付款且关联原报销单。业财一体，实现闭环管理，解放财务人员基础工作。

而其他管理费用在EAS审核通过后，亦能自动生成付款单，出纳审核单据后，通过CA认证，提交银企付款，银行交易信息返回费用报销单，根据银行交易状态进行费用核算（自动凭证生成处理）。

因新冠肺炎疫情突袭而至，2020年春节期间成了旅游产品的退订高峰。得益于长期标准化、流程化的高效财务共享服务，即使是面对最高峰承压超以往10倍的“巨浪时刻”，财务与业务、客服团队对接全球多个国家和地区的供应商联动运转，短时间内处理了巨量级的退改订单需求。

人工智能应用

数字化时代之前，报销成为广大员工的痛点，一方面是内外部流程节点众多，报销流程包括递交纸质票据、签字审批、人工核对、网银录入……另一方面是从填交报销单到报销成功的过程非常漫长。假如遇到疫情等突发情况，费用报销基本上就停滞了。

通过费用报销系统，完全满足各分子公司、门店的差旅费用申请、线上填报、审核，并通过金蝶EAS系统的拓展功能——人工智能应用，实现发票查验。

系统将OCR（图像识别）技术应用于原始票据的采集和影像传输、原始单据智能审核、自动生成会计凭证和会计报表。通过与金蝶云·苍穹平台的发票云系统集成，OCR就能识别发票信息：发票类型、发票金额、开票时间、税率、税额等信息，推送至报销单等业务单据，从而提高税务数据整理的效率，为纳税申报提供便利。

机器人应用

海外旅业通过定制的RPA机器人应用，可实现银行对账、报税、报表数据转换、网络数据采集等。一方面，通过对账机器人，可实现自动下载银行对账单，进行银行存款对账；另一方面，记账机器人可以根据调度规则及集成平台参数设置，实现每天凌晨自动调度生成凭证。将高度流程化的工作转交给机器人，让财务人员有更多精力处理高附加值的工作。

大数据应用

市场竞争和企业发展要求财务领域的数据快速呈现，以达到高效监管的目的。EAS系统的大数据应用可为集团提供在财务领域的数据洞察、数据预测、数据决策，以及模块化的产品应用案例。

通过财务共享运营监控平台，不仅能及时呈现财务共享中心各组织、人员的任务完成率、组织个人排名、信用等级评价等信息，还可以实现任务处理时效性的统计，便于内部绩效考核和工作奖金分配。

通过轻分析工具，实现了对财务、业务数据的趋势分析，同比环比分析，预警分析等各类场景的建模分析，提高了数据展现的及时性与准确性，有效规避管理风险。

数字化平台实现财务共享，提升财务工作的战略地位

海外旅业建设财务共享中心以来，一直对门店经营进行多维度的实时分析和监控，真正把财务做到从业务中来，到业务中去，以合格财务BP的角色助力企业发展。

一是体现在财务组织人员的变化上。在集团新增财务共享中心，将分散的、重复性高且易于标准化的财务工作，从各区域公司财务部门统一集中到集团财务共享中心，通过财务共享中心快速下达并执行财务制度和标准，实现财务共享，减少了50%以上的财务人员人力，极大地降低了人力成本。

二是体现在财务职能的变化上。财务共享中心随机对所管辖项目进行财务审核、支付审核，共享中心取代项目部财务集中核算与记账；一线财务专注现场与各业务部门、门市、供应商等关联单位的沟通协调，以及财务分析、税务处理、财务管理。通过对集团核心资源的集中管控，实现“业、财、银、资、税、票”的管理闭环，提升财务业务监管水平，全面进行财务职能的转型升级。截至2021年年底，海外旅业的资金集中管控，结算效率提升30%，系统自动化率提升到80%以上。

三是体现在工作方式的变化上。员工通过门户在线提单，单据自动通过工作流程审批系统传递到部门负责人和共享中心；管理人员网上集中审批或利用手机移动审批。

四是体现在流程制度的变化上。财务共享中心通过金蝶EAS系统内置的管控风险点及风险分析模型，帮助海外旅业内部共享资源，提高资源使用效率、降低管理成本、规范业务流程、管控经营风险。从根本上实现了集团人力与费用成本的有效节约。

海外旅业通过携手金蝶搭建信息化系统，建设财务共享中心，全面提升了财务的业务监管水平，财务工作得以转型升级，从根本上为集团业务的高速发展提供了强有力的财务保障和技术支撑。

2020年2月1日，九州通医药集团受武汉市疫情防控指挥部安排，协助武汉红十字会进行仓储运营管理，提高物资分发效率，紧急的医药物资两个小时内就完成从到货到最后分配。这种高效协同的背后，全生态、全流程的医药健康管理信息化平台功不可没。而面对业务复杂性高、组织规模大的药企，如何提高管理效率，降低运营成本，快速应对更不确定的经济环境？九州通医药集团携手金蝶，打造财务共享中心，实现了业财税银一体化和集团业务集约化，有效提升企业数字战斗力。

NO.10

九州通 吴军

以财务共享转型铺九州通达之路

九州通集团
财务共享中心总监　吴军

九州通医药集团（以下简称九州通）是中国医药商业企业的龙头企业之一，以西药、中药、医疗器械为主要经营产品，以医疗机构、批发企业、零售药店为主要客户对象，并为客户提供信息、物流等各项增值服务。截至2020年9月，营收达803.20亿元。

业务复杂性高、组织规模大的企业，如何提高管理效率，降低运营成本？多种商业模式并行，集团如何管控？受行业政策影响程度大，企业如何高效提升自身竞争力？面对新冠肺炎疫情的到来，企业如何打通内外部的连接？如何快速应对更不确定的经济环境？针对以上问题，九州通在数字化时代携手金蝶，打造金蝶EAS财务共享中心，实现了"业、财、税、银"一体化和集团业务集约化，有效提升企业数字战斗力。

从降低成本的角度看

九州通是中国医药商业企业的龙头企业之一，以西药、中药、器械为主要经营产品，以医疗机构、批发企业、零售药店为主要客户对象，并为客户提供信息、物流等各项增值服务，截至2020年9月30日实现营业收入803.20亿元。为解决信息孤岛、财务日常核算耗费精力大、用人成本攀升、分子公司管理难度大等问题，九州通自2017年起搭建了以金蝶EAS财务共享平台为中心的财务生态平台，与各系统进行数据交互，通过优化数据信息流，保证业务与财务核算流程畅通、高效流转，提升财务处理自动化水平，以更轻、更快、更稳的财务优势支持集团战略落地，从而实现整体效能的提升和风险的控制，最终为企业创造价值。

对内：自动高效，更多公司、更低成本

医药行业存在一个普遍难题：行业政策变化频繁，直接助推企业分子公司剧增，导致公司体量大；再加上行业制度与政策的实施要求在各事业部及分子公司间存在差异，大大增加了管理难度和成本。九州通从2014年100多家公司增加到2019年共458家公司，其中有210家是全资公司，248家是合资公司，同时每个省份和地区的药计委都有相应的政策要求。

基于行业背景及企业自身情况分析，九州通以金蝶EAS财务共享平台为中心，搭建了财务生态平台，实现财务转型。一方面，提升了管理效率，将分子机构标准化、重复的事务交到共享中心处理，大幅提升了业务质量、费用报销速度及满意度。领导可在网上集中审批或用手机移动审批，极大提高了工作效率。另一方面，降低了管理成本，通过对分子机构财务人员的分流，一部分提拔至共享中心作为集中核算的财务人员；另一部分参与前端业务管理监督，避免岗位的重复设置，降低执行控制成本。在金蝶的助力下，九州通的凭证自动转化率提升6倍，由14%提升至87%；结算下账时间从1天减少到0.4天，效率提升2.5倍；报销流程时间从15天，减少到4.1天。

同时，依托于金蝶共享服务平台，九州通可实行业务“一单制”，全流程线上运行，实现业务规范化、透明化。单据审批通过后自动转换，提升制单效率。即使在2020年新冠肺炎疫情给各行各业带来影响的情况下，自大年三十直到正式复工期间，公司财务服务从未间断，员工报销从未停滞，供应商的款项按时支付。同时，通过配置模板和合并规则，九州通实现了报表的自动生成，报表编制及合并出具顺利推进，财报发布未受影响。

连接前期建设成果，金蝶云之家为九州通员工打造有效易用的移动办公平台，实现自动填单的无纸化报销，有效解决报销痛点，提高整体报销效率。全国1.1万名员工平均报销周期仅需三天，全年150万张增值税发票全面实现自动化处理。

对外：数据无须“搬运”，及时准确

数据一体化。对于分子公司繁多的集团，容易形成信息孤岛，导致财务花很大精力做数据搬运。一方面工作量大，另一方面大量的数据迁移容易造成数据失真。同时，应对高频的纪检委审计、药检审计等外部风险，财务花费较大精力协助日常核算。鉴于此，九州通建立以金蝶EAS为核心的集中式数据共享中心，有效打通批发物流、电商、工业、医药板块，保证“数据不落地”。数据一体化驱动业财一体化。

业财一体化。基于行业的特殊性，医药公司跟医院、供应商的交易是通过配送单、送货单来确认的，而非常见的合同形式，因此一家医药公司的单据量庞大，业务复杂度高。基于金蝶的技术支持，九州通财务共享中心有效打通ERP、HR、费用报销、资金、财务和主数据系统，确保业务、审批、核算、支付等统一，形成费用预算、资金结算、财务核算三算合一的财务管控体系，实现业财一体化，从而保证集团财务共享全面流程化，并实现业务和供应商、客户对接，上下游共享，集成结算，保证数据的及时性和准确性，大大提高了业务效率及应变能力。

从降低风险的角度看

标准化：强化财务核算基础，支撑企业扩展

九州通以数字化着手，利用金蝶EAS实现流程标准化，在集团统一科目基础上，统一各类会计事项入账流程、审核流程等，为集团管控奠定了基础。

九州通在武汉建立了以金蝶EAS为核心的标准化的财务共享中心，采用“1 + N”的模式。作为标准化、智能化平台，财务共享中心将分散于各分子机构、重复性高、易于标准化的财务业务进行流程再造与标准化，集中到财务共享服务中心统一进行处理，为集团各公司、事业部提供财务数据服务。同时打造财务快速复制能力，降低财务管理的成本，助力公司“低成本”扩张战略，增强盈利能力。

合规性：制度内嵌管控，数字化管控

近年来，随着国内外各级监管机构对企业依法合规的监管日趋严格，合规是企业必须重视和加强的一环。对于医药行业加强风险防控更是刻不容缓。

进入数字化时代，九州通利用金蝶EAS搭建的共享中心从三方面加强管控：一是集团管控方面，去除地区和业务之间的标准执行偏差和内部管理真空；二是资金管控方面，共享中心以专业独立的视角，审核费用报销、资金支付业务，防范舞弊，提高威慑力；三是项目管控方面，集团共享中心集中处理业务，避免因人员理解不同出现执行偏差，提升总部对项目部的管控力度，从而方便公司进行风险评估、合规自查，不断提升合规管理水平，增强合规履职能力，确保公司高质量发展。

近3年来，金蝶协助九州通搭建并完善财务共享中心，通过以共享为支点，实现端到端流程，提升企业效能，夯实财务基础，推广至上下游，共享提升核算效率，加强了集团规范管控，降低运营成本，提升企业应对不确定性风险的能力、重构财务数据价值，进而打造财务服务作为企业的核心竞争力，支撑企业战略，提升价值创造，打造了九州通的医药业务生态圈。

从严重亏损到年度盈利40亿元，丁立国董事长带领新天钢集团实现了一次伟大的涅槃重生，传统钢铁企业与时俱进的数字化转型路径和决心非常值得学习和借鉴。本文中上海德龙钢铁集团&新天钢集团首席信息官郭玉宾秉承丁立国董事长“用数字说话”的管理理念， 将新天钢集团打造为“数字新天钢”“智慧新天钢”。

NO.11

新天钢集团 郭玉宾

数字化助力新天钢高质量发展，打造转型智慧制造标杆企业

上海德龙钢铁集团&新天钢集团
首席信息官　郭玉宾

2019年，上海德龙钢铁集团响应国家号召，积极投身混改，控股混改“渤钢系”天钢集团、天铁集团、冶金集团钢铁板块，四支队伍融而为一，新天钢集团由此诞生。

2021年，新天钢集团全年营业收入1383亿元，利润总额52亿元，实缴税金19.6亿元，职工人均收入较混改前增长46.69%。

混改后新天钢集团取得的出色经营业绩，与企业成功的数字化转型密切相关。覆盖生产、采购、销售、物流、质检、环保等各环节的数字化改造，不仅帮助新天钢集团实现了生产指标变优、运营降本增效、提升员工幸福感，更通过大数据赋能管理优化，成为推动企业效益持续增长的强力引擎。

着眼业务需求，构建数字化建设蓝图

上海德龙钢铁集团&新天钢集团首席信息官郭玉宾表示，邢台德龙钢铁早在2009年就开始与金蝶展开合作，在数字化转型方面取得了很好的效果。因此在新天钢集团成立之初，上海德龙钢铁集团便与金蝶展开深度合作共同对新天钢集团的数字化建设进行了全方位的摸底调研。

通过调研团队发现，虽然新天钢集团下属各公司原本在数字化方面投入了很多资金，但其系统之间缺乏必要的关联，各个系统之间存在一个又一个的数据孤岛，多数系统相对老旧。比如天钢公司原有的财务系统与供应链之间并不互通，单财务管理就有多套不同的系统，且财务结算也全凭手工记账之后再录入系统。这导致原本的财务流程不仅效率低下，也很容易出现人为失误。另外，如何打造全流程数字化、厂外厂内一体化的管理模式，实现对物流的数字化风控管理，也是数字化建设中亟待解决的问题。

郭玉宾认为，在构建数字化转型的发展蓝图时，需要IT部门与业务、生产现场各个分厂、各部室、各业务点相融合来提炼出实际需求。“做数字化转型最大的问题，就是难以找准痛点、难以准确提出需求。需要通过IT团队对现场的了解、对工艺的熟悉、对业务的熟悉，把技术跟生产、经营融合在一起，带动引导各个生产厂、业务部门提出问题。IT与业务部门共同构建业务数字化转型蓝图，才能实现真正好的效果。”

为此，新天钢集团信息化团队与金蝶的工程师常常一起深入业务一线，24小时驻在厂里，白天前往业务部室实地调研，晚上则与业务人员进行交流。郭玉宾介绍，新天钢集团建成了集生产、运营、安防、能源、计量、环保于一体的运营中心，更在钢铁行业内率先使用了金蝶云·苍穹企业级PaaS平台，与金蝶携手，全方位推进企业的数字化变革。

两年高质量发展，成就数字化转型典范

新天钢集团通过金蝶云·苍穹平台打造的“业财一体化、产供销一体化”，彻底打破了原本的数据孤岛，提升了企业的管理效率，为企业实现高质量发展提供了有力支撑。

据郭玉宾介绍，在数字化转型后，新天钢集团原本的财务效率由原本的半个月结算期，变为目前的两天就可结账，甚至可以做到一个工作日内将整个月的经营业绩结算完毕。“从财务凭证的角度，一个月应该有上千张或两千张的凭证”，自动化的结算过程不仅提升了效率，还大幅降低了财务部门的工作压力，避免了可能出现的失误。另外在财务风险防控方面，由于钢铁行业在销售中普遍采用预付款的形式，因此对于货款余额的实时监控就很有必要。目前新天钢集团的财务系统与采、销两端已实现业财一体化，能够实时将货款情况反映至业务部门，从源头避免了财务风险的发生。

通过提取金蝶云·苍穹平台上覆盖全集团的基础数据，新天钢集团完成了物流平台的搭建。从厂外的车辆调度、车辆轨迹等实时定位数据，到进厂的确认、检斤、取样、质检、现场卸货数据，均能实现互联互通，不仅降低了物流中的跑冒滴漏等风险，更提升了业务效率。比如原本检斤需要人工操作，一辆货车上磅至下磅的过程要花费3至5分钟。而通过数字化的检斤系统，不仅现场无须人员值守，数据更可实时回传金蝶云·苍穹平台，检斤过程也提速至10至15秒。新天钢集团员工表示，以前高炉的返焦返矿返料系统要经过人工开票和多个过磅环节，非常烦琐。如今有了检斤系统，通过NFC一体机自主刷卡称重计量，操作变得特别方便简单。点点滴滴的改变不仅从整体上优化了业务水平，更从操作流程与统筹计算多个方面提高了员工作业的便捷度。

上海德龙钢铁集团、新天钢集团董事长丁立国说，要“多炼钢，炼好钢”。新天钢集团的数字化转型同样围绕这一目标施力，实现了生产现场的数据采集，每一个生产单元的实时数据均能采集上传。运营中心可实时监控生产环节的可视化数据，比如高炉运营的实时数据、实时情况等，一旦发现现场有数据波动，运营部门能够第一时间进行精准调度。而这些数据也构成了对生产环节进行优化的基础，据郭玉宾透露，目前上海德龙钢铁集团的五家长流程钢铁工厂，会每天对具备可比性的关键指标进行可视化分析与对比，如综合成本、烧结固耗、炼钢燃料比等。大排名会显示出工厂间的差距，从而支撑起集团及各公司的管理优化与提升。

郭玉宾表示，新天钢集团数字化转型的成绩，还体现在环保和能耗控制等方面。目前新天钢集团的环保管控平台已实现全面覆盖，多达130个空气质量微站会对影响空气质量的$PM_{2.5}$、PM_{10}进行实时监控。管控平台一旦发现问题，会立即通过调配环保车辆等手段介入，将环保问题处理在萌芽状态，实现了绿色企业、绿色发展。而企业的煤、天然气等能耗数据，也会实时同步给政府部门。新天钢集团打造的环保、绿色的优越生产环境，让员工感受到强烈的自豪感和幸福感。郭玉宾说："环境变美了，指标变优了，业绩变好了，带来的连锁反应就是人心变亮。"良好的业绩促使员工收入大幅提高，每个岗位员工都努力做新天钢集团的建设者，怀着满满的激情和动力支撑企业的发展。

坚持数字化之路，打造智慧制造标杆企业

在"钢铁大国"迈向"钢铁强国"的道路上，绿色化和智能化将作为钢铁行业创新发展的两大主题。郭玉宾认为，目前钢铁行业存在两大发展方向：一是环保和双碳，也就是

面向碳达峰和碳中和目标，走出一条绿色环保的可持续发展之路；二是智慧制造，提升钢铁智造水平，为制造强国撑起钢铁脊梁。而唯有坚持数字化转型，才能推动钢铁企业顺应新时代发展方向、更好地实现快速增长。

新天钢集团希望将新兴技术与钢铁制造相互融合，通过持续深化数字化转型，打造出一家智慧制造的标杆企业。为此新天钢集团提出了五个规划方向：第一是风险持续可控，从智慧制造的角度对风控必须做到极致，在采购、销售、工程、物流、质检等高风险、易出问题的环节，持续从平台、技术、装备等方面增加风险防控手段；第二是数据真实反馈，数字化范围要涵盖人、设备、工艺等各个方面，数据要支撑起管理者至一线员工的各个层级，用真实数据支撑管理优化提升持续；第三是自动化装备水平持续提高，当前钢铁企业有装备大型化、生产组织连续性强的特点，因此自动化应包括记录自动化的装备、自动化过程的模型，这样才能实现对生产控制水平的持续优化提升；第四是打造系统性的智慧制造管理模式，智慧制造未来应从组织架构上打造极致扁平化，从生产组织的模式应极致高效率；第五是通过智慧制造的“1+N”模式，也就是1个工业互联网平台加上N个应用，来促进组织、流程、业务模式，组织模式、管理模式、业务模式、人员配置模式等方方面面的变革优化。

钢铁企业是生产制造的企业，主题应回归生产制造的全过程。对于钢铁企业，想要实现智慧制造，就要通过业务驱动、技术支撑来进行整体优化。郭玉宾举了一个例子，现代钢铁生产模式都是以高炉为中心，如何保障每一家工厂的每一座高炉生产稳定，不产生波动或波动越少越好？有了智慧制造体系的支撑，通过数字化构建专业平台，就可能将十多座高炉的所有数据做到实时对比，把最优、最好的工程师集中在一起，对各个工厂生产过程做专业诊断、专业预检、专业支撑，从而保障生产更顺行、更安全。

郭玉宾表示，新天钢集团能够成为金蝶在钢铁行业的原型企业，看似是偶然，实则是必然。从2001年至今，上海德龙钢铁集团与金蝶的合作已持续20余年，2009年金蝶协助邢台德龙钢铁实现的整体ERP应用，曾在当时开创了钢铁行业的先例。无论是从技术与平台方面考虑，还是从双方技术团队间的融合方面看，金蝶都已成为上海德龙钢铁集团亲密的生态伙伴。新天钢集团希望未来能够继续携手金蝶，在人工智能、数据治理等方向不断探索钢铁行业新模式，共建钢铁行业生态，最终实现两家企业的价值共生。

2019年年底，华海通信（原华为海洋），原来用10多年的国外系统不能再继续使用，需要替换本土系统。在此情况下，金蝶奔赴天津，却正好赶上疫情突袭而至，任务非常紧，但是华海通信和金蝶一起用68天上线基于工业互联网平台的全业务场景协同解决方案，4月完全替换（华海通信）花费10多年建成的184个国外系统，完成了一次“不可能的任务”。

NO.12

华海通信 蒙方明

国产替代领航者，在数字化助力下突围出海

华海通信IT管理部部长

蒙方明

华海通信致力于全球海缆通信网络的建设，为海缆运营商提供高可靠性的产品技术解决方案和包括项目管理、工程实施、售后支持于一体的端到端服务。

日前，海南文昌—香港春坎角海底光缆系统顺利建成商用。它是海南第一条国际光缆，实现了两地通信的互联直达，将加快海南自贸港数据信息的高效流动，有助于海南发展成为亚太区域领先、通达全球的国际海缆枢纽，满足“一带一路”信息化建设的需求。

海底光缆系统作为国际通信网络最重要的传输管道，被视为全球互联网的“中枢神经”。海缆是一个高门槛的行业，对技术实力、行业准入、跨国项目管理都有极高的要求，其市场和技术完全被法国、美国、日本等发达国家的少数企业主导。十二年来，华海通信通过产业合作的模式从陆地踏足深海跨洋通信，逐步实现技术难关突破和产品创新，最终打破了由西方国家主导的行业垄断格局。

承建海南—香港海缆系统工程的华海通信，正是这一过程的深度参与者。“打铁还需自身硬”，日趋严峻的国际环境，要求华海通信加快设备及软硬件的国产替代，同时抓住数字经济时代的风口，通过数字化转型寻找新动能。华海通信IT管理部部长蒙方明先生接受记者采访时，分享了华海通信的数字化转型之路。

坚守初心，用通信技术连接全球梦想

华海通信致力于全球海缆通信网络的建设，为海缆运营商提供高可靠性的产品技术解决方案和包括项目管理、工程实施、售后支持于一体的端到端服务。蒙方明介绍，华海通信在海南的海缆铺设项目是国际信息港建设的重要组成部分，除已完成的海南到香港段之外，亚欧非的跨洲跨洋项目也正在紧张的施工中，红海、地中海等地都有华海通信员工入驻布局。

蒙方明说道，随着十多年来公司业务的不断拓展，从南中国海出发，到印度尼西亚、巴布亚新几内亚，再到位于印度洋的马尔代夫、毛里求斯，都能见到华海通信的身影。“我去过非洲、格陵兰岛的许多小国，他们的通信状况非常落后，大部分人用的还是传统的功能机，通过电话跟外界交流需要交昂贵的国际话费。但是现在随着科技的发展，5G技术开始在全球普及，当地人升级信息技术的需求也愈发迫切。”

华海通信希望凭借自身的优质产品及服务，以及有竞争力的解决方案，给更多的国家和地区带去现代通信技术，消除跨洋沟通天堑，互联全球数字经济信息，影响当地人的沟通、生活和思考方式，使信息技术的进步惠及更多人。

国际海缆市场曾一度被海外巨头垄断，仅阿尔卡特—朗讯、NEC（日本电气）、Tyco（泰科）三家企业就占据着全球80%的市场份额。华海通信如何突破重围，在激烈的国际竞争中占据自己的一席之地?

蒙方明表示，华海通信更愿意从宏观的角度回答这一问题。“在过去的500年中，航海技术得到极大的发展，同样的，过去的50年内，通信技术突飞猛进。这些技术的进步改变了人类社会，航海业和通信业都是伟大的行业，它们的发展与每一个参与者的努力密不可分。而海缆通信正是综合了这两个行业的成果，是一个‘站在巨人肩膀上’的行业。”

他的话语中透露出满满的信心：“华海通信在过去十几年中在全球积累了丰富的工程交付经验，通过长期自主创新，实现了多个业界第一。前不久，我们发布了首个支持18kV供电的中继海缆通信系统解决方案，这相比当前行业的15kV方案提高了20%，突破了超长距中继系统供电限制的行业瓶颈。”

蒙方明说，无论是从产品品质、服务还是成本的角度，华海通信都能给客户提供极具竞争力的综合解决方案，与海外巨头站在同一起跑线。“只要有公平公正的环境，我们完全有信心在全球舞台上与海外友商展开竞争。我相信这种竞争是良性的，因为我们与同行的目标都是使全球人民的沟通更加顺畅、生活更加丰富，为人民创造美好生活就是我们的梦想。”

68天重建184个系统，树立数字化转型标杆

近年来，华海通信业务迅速扩张，接连收获国际大单。外部环境的剧烈变化，使华海通信花费10多年建成的184个国外IT系统，面临全面国产化的巨大挑战。华海通信需要在短时间内完成企业关键IT系统的重建，覆盖LTC、PTP、ITR、IPD四大核心业务流程，以及全业务场景：研发、销售、工程

项目、生产制造、供应链、售后服务、财务、人力资源和办公管理等。

在正常情况下，这种规模的整体ERP项目建设大概需要6个月的时间，而华海通信的需求不单是ERP，还包含HR系统、协同办公等整体IT系统的建设，堪称时间紧、任务重。华海通信携手金蝶团队经过68天的艰苦奋斗，完成了对184个国外系统的替换，基于工业互联网平台的全业务场景协同解决方案于2020年2月29日成功上线，顺利保障了业务的连续性。项目的高效率和高完成度创造了行业奇迹，并凭借其对于数字化转型的示范性与价值，成功入选工信部2020年工业互联网试点示范项目和工信部2020年信息技术应用创新解决方案典型案例，为国产化替代树立了标杆。

项目成功将华海通信此前建立在华为平台上的近200个系统合并，集中到四个系统中，业务人员减少了登录环节，使用起来更加便捷，成功促进了技术研发、生产制造、人力管理等各个环节的一体化。此后，华海通信与金蝶的后续项目相继展开。华海通信建立了自己的中台数据平台，大幅提高了业务效率。此外，华海通信还成功在电子化平台上实现内部文档及数据共享，极大地减少了管理成本，提升了办公效率。数字化建设更帮助华海通信打通了上下游业务，缩短了沟通路径，风险预警和方案准备都更加高效、透明，显著提升了企业的经营管理和风险管理水平。

在2021金蝶云·苍穹峰会上，金蝶云·苍穹PaaS平台V4.0正式发布。金蝶通过高性能的企业级PaaS平台，以动态领域模型（KDDM）为技术核心，实现领域模型的可视化管理，并可通过定制化开发满足企业定制化需求。蒙方明介绍，华海通信的客户支持体系和供应商管理系统均基于金蝶云·苍穹PaaS平台建立，对其优越性能有着深刻体会。目前，系统运行平稳，得到了海内外客户和供应商的一致肯定。他表示，金蝶云·苍穹PaaS平台提供了基础支撑，随着更多生态伙伴的加入，将更好地发挥协同作用，华海通信将携手金蝶继续交流和探索相关应用。

2021年，华海通信在海缆主营业务保持了稳定增长，不断推出国际领先的产品解决方案。这正是华海通信数字化建设取得实效、为业务赋能的集中体现。在数字经济崛起和ICT技术发展的大背景下，华海通信将与金蝶携手，通过数字化建设进一步巩固和提升企业在产品品质、整体解决方案及成本方面的综合竞争力，在全球范围内建立起沟通的桥梁，实现“联接五洲四洋，承载沟通梦想”的美好愿景。

分众的江南春总是我的老朋友，他也是一位充满创意、善于洞见事物本质的练达之人。经过20年的发展，江南春总已带领分众在行业之中建立了无可撼动的地位。如今，分众是如何利用数字化技术重塑自身的业务模式，不断实现自我革新的？分众传媒副总裁宁玉洁总有以下分享。

NO.13

分众传媒 宁玉杰

数字化助企业重构业务战斗力

分众传媒副总裁　宁玉杰

分众传媒诞生于2003年，产品与服务覆盖电梯电视、电梯海报、晶视影院、终视卖场，全国覆盖超过230个城市，260多万个终端。据最新的第三方报告显示，分众传媒日覆盖城市主流人群已经超过4亿人。

随着5G、物联网、大数据及人工智能等新兴技术应用的日趋成熟，数字化技术赋能千行百业的进程已经开启，传媒公司也在探索一种方法，通过利用数字化技术，根据产品特点和商家的营销诉求，实现广告精准、精细和智能投放，既降低了客户的广告投入成本，也增强了广告投放效果，让客户收获最优的市场推广体验。

近日，在金蝶云·苍穹峰会上，记者采访了分众传媒副总裁宁玉杰，与他就当下传媒行业发展趋势及行业数字化实践进行了交流。近年，分众传媒借助数字化技术实现广告精准、精细和智能投放，让客户投放价值最大化，这一切是如何实现的?

业务模式变革驱动分众传媒进行数字化转型

现今，分众传媒的产品与服务覆盖电梯电视、电梯海报、晶视影院、终视卖场，全国覆盖超过230个城市，260多万个终端，日覆盖城市主流人群超4亿人。

“高密度、高质量的一、二、三线城市主流人群全方位覆盖是分众传媒的基础优势，但我们更看重对主流消费人群注意力和品牌价值的引爆。”宁玉杰表示，为了让客户广告投入更有效果，2018年公司借助日趋成熟的物联网、5G等数字化技术，对海量的投屏终端进行改造，通过云端强化对投屏终端的管控，实现广告的远程精准投放；同时，充分发挥数据和算法的能力，让广告针对不同人群的需求实现精细、智能的触达。

分众传媒创始人兼董事长江南春（左）

金蝶软件集团有限公司董事会主席兼CEO徐少春（右）

宁玉杰指出，分众传媒“利用数字化技术重塑商业模式，并以自身成功实践引领线下媒体商业模式变革。通过对数字化技术的不断迭代，为客户带来更优质的广告服务体验”。

在数字化技术的支撑下，2020年公司营收实现逆势增长，不仅品牌大客户广告投入费用持续增加，中小客户数量也在快速增长，客户的多元化发展更使业务营收持续稳健提升，但同时也有了要面临的新挑战。

据了解，随着公司业务的快速拓展，日渐增多的终端采购、安装、场地租赁、维修及损坏报销都会产生大量财务数据。不仅如此，还有大量的合同签单需要及时处理。面对如此烦琐的财务管理需求，传统财务系统已难以胜任。因此，分众传媒亟须业务并发能力更强、架构更先进的管理平台，以持续满足公司业务快速增长及点位全生命周期的管理需求，而数字化转型是唯一的途径。

专业人做专业事，构建以业务驱动的数字化体系

对线下传媒行业而言，谁能快速占领城市的社区、写字楼、商场、影院等人流密集区位，谁就拥有更大的市场话语

权，对客户的吸引力也就越大。但市场快速扩张的前提是需要极强的数字化管控能力做支撑。

宁玉杰表示，因为有金蝶的支持与帮助，分众传媒对资源、点位、财务方面都做到了强管控，从以往的粗放式管理逐步实现标准化、规范化和精细化管理。

传媒广告是典型的以客户为中心、业务驱动的行业之一，因此，更适合搭建以资源、信息和流程为核心能力整合的技术平台架构，以更快的速度应对业务的变化调整，而金蝶近年主推的EBC即是将资源、信息、流程和环境等因素进行综合利用，二者一拍即合。其中，金蝶云·苍穹就是以EBC为思想构建的平台产品，通过融合AI、云、大数据、IoT和5G等技术的数据中台，以数据湖为基础数据的建模和治理，为各决策提供场景化的数据分析和服务。

宁玉杰说："分众传媒有非常多样的供应商能力，但之前分众传媒对供应商能力的管控是基于单体、孤立的系统，需要大量的人工在一个个系统孤岛中传递信息、沟通业务，造成整体效率低下。在金蝶云·苍穹实施之后，我们可以更高效地完成寻源、认证、协同和绩效管控等既有流程，在认证体系上做到更开放的能力。这是金蝶提供的端到端全流程业务支撑，对分众传媒供应链管理带来了极大的效率提升。”

为帮助分众传媒更好地管理数百万点位资产，以及数十万份与采购相关的合同，金蝶还为分众传媒规范了资产管理流程，帮助其建立起覆盖资产全生命周期的管理能力，通过金蝶费用云，解放大量的人力，释放职能部门能力。在这个规范落地之后，整个公司的财务治理水平也上了一个新台阶。

宁玉杰告诉记者，2018年启动数字化转型带来的效果超过了预期。因此，他非常坚定地看好数字化，并致力于带领技术团队持续推进数字化转型进程，目标是将广告投放业务做得更加精细、精准和智能，对于不同商家的多样化营销诉求，都能给予有针对性且有效的方案，将分众传媒对商家的全方位服务推上新的高度。

上一阶段数字化转型实践的成果更加坚定了分众传媒让“专业人做专业事”的方向，即企业在任何时候都必须聚焦自己的核心业务，持续做强自己和做大市场。有了这个笃定的目标，分众传媒将专注于做基础设备的升级、做更强的覆盖密度和广度，做自己内部管理和员工培训的升级、全方位助力客户品牌升级，为客户创造更多的价值。而将对业务支撑的专业方向上的数字化能力的构建同金蝶携手共同搭建，借助金蝶的数字化技术方案，一起把事情做得更好，即聚焦广告业务做更为饱和的攻击战斗。

苍穹赋能，助力数字化重塑商业模式

当前，分众传媒已实现“网络可推送、实时可监测、洞察可回流、效果可评估”，通过更精准的广告投放、更清晰的全链路效果跟踪，成了融入品牌全域营销、提升品牌消费者资产的核心平台。

可以说，分众传媒的数字化转型推行至今是成功的；同时也必须认识到，数字化是一个长期过程，一旦启动就无终点。随着时代的发展、技术演进和客户需求的变化，数字化进程还得一如既往地坚持走下去。可以预见，随着公司数字化转型的持续深入，未来需要实施的数字化场景也越来越多，且更为复杂，这需要厂商持续投入技术、人力和资源支持。

如今，金蝶云·苍穹拆分为PaaS和SaaS，这一变化带来的不只是产品线的变化，也是整个数字化服务思维的转变。未来，金蝶云·苍穹作为独立PaaS平台，能专注于满足不同行业和企业的应用开发需求。也就是说，金蝶云·苍穹能根据企业差异化需求构建满足不同场景的技术功能和产品，更好地支撑企业不断深化数字化转型进程。由此可见，未来双方可合作的空间将越来越大。

分众传媒创始人江南春表示：“分众传媒正在运用数字化重塑公司的业务模式，并全面引领线下媒体的数字化变革。未来，分众传媒将不断加强推进公司自我迭代，为客户提供更优化的媒体价值与服务。”

2019年11月，远大住工在中国香港上市，成为装配式建筑行业香港IPO第一股。远大住工不仅是中国建筑工业化的开创者和领军者，也是业内开启人力资源数字化建设的先行者。远大住工人力行政中心周锋主任介绍了远大住工数字化探索之路。

NO.14

远大住工 周锋

以数字化为基石，激活人才自驱力

远大住工人力行政中心主任、
远大精益学堂校长　周锋

长沙远大住宅工业集团股份有限公司（以下简称远大住工）是中国装配式建筑行业的领军企业，提出了业界首创的“人人账本”概念，成为中国企业数字化时代人力资源管理的创新实践标杆。2019年11月在中国香港上市，成为装配式建筑行业香港IPO第一股。

2021年是“十四五”开局之年，在国家政策的积极影响下，后疫情时代的许多企业都将数字化建设提升到战略地位。以大数据、云计算、移动互联网等为代表的数字技术，正在从根本上改变企业与组织的运作方式。人力资源在企业中扮演着支撑战略落地、保障业务发展的重要角色，也由此迎来了数字化转型的“黄金期”。

数字化时代，如何量化个人价值、激活人才的自驱力，成为企业人力资源管理关注的重要话题。远大住工作为中国装配式建筑行业的领军企业，在人力资源数字化建设方面取得了丰硕成果，成为中国企业数字化时代人力资源管理的创新实践标杆。

“三步走”推进人力资源数字化建设

截至2021年下半年，远大住工拥有8代装配式建筑的产品体系、全国领先的信息系统、超过1亿平方米的建筑工业化项目实践累积的经验，以及覆盖中国的战略性工厂布局。它在中国装配式建筑行业中率先完整运用全流程数字信息化体系，更是首家拥有专属知识产权的全产业链技术体系的企业。2019年11月，远大住工在中国香港上市，成为装配式建筑行业香港IPO第一股。

远大住工不仅是中国建筑工业化的开创者和领军者，也是业内开启人力资源数字化建设的先行者。远大住工人力行政中心主任、远大精益学堂校长周锋介绍，集团的人力资源数字化建设过程主要分为三步。

第一步是人力资源工作的标准化。周锋说："我们在七八年以前，不同分公司的员工离职的审批流程都是不一致的，可能这个地方由生产经理审批就完成了，在另一个地方需要经过厂长审批才可以。我们刚开始实施数字化的时候，一共有150个流程，同一个业务就有很多种不同的模式，带来了很多麻烦。”由于集团业务庞杂，分、子公司众多，远大住工花了两年的时间梳理并总结出了人力资源工作的5本手册，把涉及的制度、表单、流程等边界全部做成书面规定，为后续数字化建设奠定了基础。

第二步是人力资源工作的数字化。周锋提到，数字化的工具难就难在需要同时满足稳定和开源的特性，而基于SaaS理念打造的金蝶s-HR就完美契合集团的需求。通过金蝶提供的s-HR系统，远大住工搭建了统一的应用平台，并且各模块间紧密连接。从人力资源规划、招聘、入职、考勤、薪资核算到人员调动，为员工全职业链信息化的实现提供了平台支撑。

第三步是实行全职业链数字化，在数字化平台基础上接入管理控制和员工服务的系统，发挥人力资源数字化的价值。拥有了开源的人力资源应用平台，后续接入系统就变得极为便捷。远大住工基于金蝶s-HR搭建了人力共享服务平台，员工可以在线自助咨询人事、薪酬、福利、假期等相关信息，还可以在手机端查询个人档案，发起请假、调动、离职等流程。远大住工的人力共享服务新模式，减少了HR事务性工作量，有效提升了员工满意度。

周锋表示："目前的人力资源数字化体系基本上满足了远大住工自身的要求，但是数字化的产品就是需要不断迭代，随着集团业务的变化持续迭代更新。合作过程中，金蝶的服务能力给我留下了深刻的印象，我们希望未来继续和金蝶合作来推进数字化的进程。"

创新人力资源管理，数字化工具提升组织效率

完成数字化底座的建设后，远大住工基于"人力资源从管理上升到经营层面"的新定位，进入人力经营数字化新阶段，推出了业界首创的"人人账本"，使每个人的工作成果和绩效收入直接挂钩，通过创新管理模式大大提高了组织的效率。简单地说，"人人账本"相当于一种对员工重新进行个体价值评价与分配的方式。这一激励体系以"增量价值"作为牵引，以结果为评判标准，倡导分灶吃饭，经营节约自分，同时为避免只重视结果导致"功利性"太强，同步关联

了远大住工绩效体系的应用。远大住工s-HR打破各个业务部门的系统数据墙，形成了中间数据池，进而算出一个“人人账本”，构建类似海尔“自主经营体”及京瓷“阿米巴”的全员经营模式。

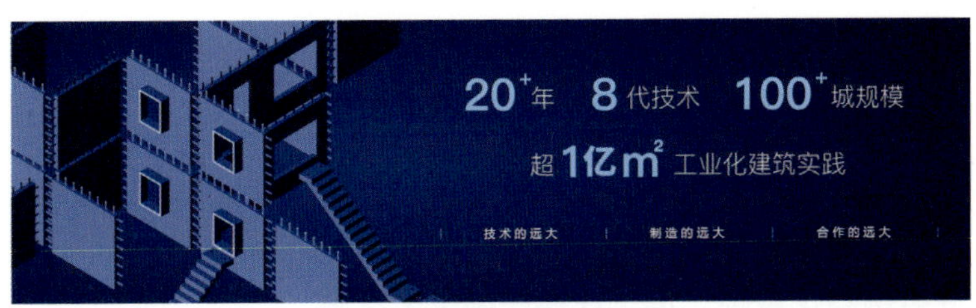

远大住工利用数字化管理工具让每个人成为价值创造者，量化了员工个人价值与收入的关联，真正实现了让人力资源参与经营、让每个员工参与经营。在这一管理实践下，2019年远大住工的收入与利润快速增长，整体收入33.69亿元，同比增长48.5%；毛利由2018年的7.25亿元增至2019年的11.44亿元，同比增长57.9%；实现净利润6.77亿元，同比增长45.2%；PC构件生产线使用率从2018年的17.4%增至2019年的45.8%；实现盈利的联合工厂也从2018年的8家增至2019年的20家。远大住工由此成为中国人力资源管理的一面旗帜，作为典型案例入选《数字化加速度》一书。

远大住工出色的人力资源数字化实践成果引得行业瞩目，作为其中的亲历者，周锋总结了三点经验：一是主动推进，人力资源数字化首先要部门自身统一认识，积极促进战略的实施；二是拒绝单打独斗，要和其他业务部门加强沟通和连接；三是尽可能地“小步快跑”，尝试从报销、考勤等量级较小的数字化平台入手，让企业员工切实感受到数字化的价值，逐步推进整体数字化建设。

推进精益化管理，携手伙伴走好远大之路

2021年，远大住工深入实施“规模+效益”的精益战略，引入丹纳赫的精益体系及精益专家深度参与，对PC工厂及经营进行提升。远大住工总部设立了“精益推进中心”，作为整个公司的“大脑”，负责落实所有精益改善活动，培养公司未来的改善人才和管理者，传播精益文化，监督实践精益理念，构建远大住工精益生产及经营系统。周锋同时也担任远大精益学堂的校长，负责公司未来人才的储备和培训。他表示：“我们试图践行精益理念来使工作本身标准化，然后通过数字化工具，大家的工作能够在一个比较合理

的边界之内去运行。这也是远大住工未来变革的重要方向之一。”

他同时提到，过去四五年中持续不断地推进信息化、数字化建设，正是集团如今实施战略变革的重要基础。一些基础的、重复性的人力资源工作，远大住工更多地交给了数字化建设来解决。人力资源工作者因此得以从基础性事务中解脱出来，通过精益化的培训向支持策略及经营的角色转换，完成从HR（人力资源）向HRBP（人力资源业务合作伙伴）的提升。

周锋举了个例子说明这一点：“以前每个公司都需要设一个人算工资，几十个分子公司就需要几十个人。我们跟金蝶合作做了一个一键计薪的工具，有了这个工具之后，全集团只需要一组人算工资就够了，剩下的几十个人就可以全部转型做数据分析，做人力资源报表。”金蝶提供的数字化工具帮助人力资源人才节约了大量时间成本，使其可以将更多的精力投入创造人力资源经营价值的活动中去。

20年来，远大住工始终致力于实现建筑工业的现代化。“我们一直专注于建房子这件事，从一个粗放的业务模式，转变为把它看作一个毫米级的工业产品，像搭积木一样，用细致入微的方式去实现它。”周锋说，“远大住工的建筑业务与金蝶几乎是同时起步与发展的，两家企业的很多东西是相通的。比如，金蝶的企业价值观是‘致良知、走正道、行王道’，远大住工的企业价值观是‘不投机、专业、专注’，背后的精神内核高度相似。我们虽然身处两个不同的行业，但有着共同的理想，所以两家企业的关系才会这么牢固。”

未来，远大住工将与金蝶继续深化合作，在现有人力资源数字化基础上持续更新迭代，通过标准化、模块化的产品解决更多应用场景需求。不仅如此，周锋表示，远大住工还希望通过共享以“人人账本”为代表的人力资源管理实践成果，为整个行业的数字化转型赋能提速，在“锚定长期主义，实现价值共生”的远大之路上阔步前行。

后记

正如创业是一场持续成长的旅程，数字化的成功也不是一蹴而就的。所以，《徐徐道来》并不是一次对数字化的定论，而是一场心与心的连接，集结众人智慧的思考与探讨。如果我们将其视为一块敲门的砖、一个掉落的苹果，我希望通过这本书能与您产生一次对话，一次思想的碰撞。

2021年颇不平静。本书记录了这一年里在不确定的环境下，我对于企业管理与数字化转型的一些思考。其间我与专家学者的深入探讨，以及与企业家朋友们促膝长谈，了解他们的数字化探索案例，还通过我的个人号，与数十万读者交流数字化时代的方法论……真诚希望本书能够为您带来一些新启发、新视角、新想法。

这一年，我们也提出了“创见者”的概念：我们将“具有创造性见解及开拓精神”的人们，称之为“创见者”。数字化是一条前无古人的路，因为相信，所以“创见”。而本书的完成，也凝聚了众多“创见者”的智慧与付出，尤其要感谢以下朋友，不吝分享数字化转型的洞见与实践经验和故事，为中国企业数字化建设之路尽股肱之力！

其中包括

彼得·圣吉　麻省理工大学（MIT）斯隆管理学院资深教授

陈春花　北京大学国家发展研究院BiMBA院长、教授

王方华　上海交通大学安泰经济与管理学院原院长、教授

以及

丁立国　上海德龙钢铁集团&新天钢集团董事长

李家麟　天福集团总裁

褚一斌　褚氏农业总经理

段大为　科大讯飞股份有限公司高级副总裁

陈伟达　长信科技副总裁

傅哲祥　浙江省交通投资集团数字化转型总顾问、数字场景研究院院长

徐健辉　越秀地产财务管理中心副总经理兼财务共享中心总经理

邓浩然　云天励飞董事、CFO兼董秘

刘　俊　重庆海外旅业集团财务中心总经理

吴　军　九州通集团财务共享中心总监

郭玉宾　上海德龙钢铁集团&新天钢集团首席信息官

蒙方明　华海通信IT管理部部长

宁玉杰　分众传媒副总裁

周　锋　远大住工人力行政中心主任、远大精益学堂校长

等等。

同时，亦感谢金蝶中国品牌与市场部、战略客户管理部，以及各分公司、子公司的同事对此书编辑出版的贡献。没有你们的拳拳之心、殷殷之情，想必难以促成这本书如此扎实的内容。最后，也要感谢企业管理出版社各位老师的帮助。你们的专业精神给我们团队留下了深刻的印象，是你们的细心与耐心，让这本书得以顺利出版。

2022年1月1日